Telemeeting [2100]

Digitale Konferenz, Online-Unter-richt, Homeoffice

Horst Hanisch

© Erste Auflage: 2021 by Horst Hanisch, Bonn

Bibliografische Information der Deutschen Nationalbibliothek: Die Deutsche Nationalbiblio-thek verzeichnet diese Publikation in der Deutschen Nationalbibliografie; detaillierte biblio-grafische Daten sind im Internet über dnb.dnb.de abrufbar.

Der Text dieses Buches entspricht der neuen deutschen Rechtschreibung.

Die Ratschläge in diesem Buch sind sorgfältig erwogen, dennoch kann eine Garantie nicht übernommen werden. Eine Haftung des Autors und seiner Beauftragten für Personen-, Sach- und Vermögensschäden ist ausgeschlossen.

Aus Gründen der einfacheren Lesbarkeit wird auf das geschlechtsneutrale Differenzieren, zum Beispiel Mitarbeiter/Mitarbeiterin weitestgehend verzichtet. Entsprechende Begriffe gelten im Sinne der Gleichbehandlung für alle Geschlechter.

Idee und Entwurf: Horst Hanisch, Bonn

Lektorat: Annelie Möskes, Bornheim

Buchsatz: Guido Lokietek, Aachen; Horst Hanisch, Bonn

Umschlag: Christian Spatz, engine-productions, Köln; Horst Hanisch, Bonn

Fotos/Zeichnungen: Sofern nicht anders angegeben: Horst Hanisch, Bonn

Herstellung und Verlag: BoD – Books on Demand, Norderstedt

ISBN: 978-3-7526-7215-2

Telemeeting ^{2100}

Digitale Konferenz, Online-Unter-richt, Homeoffice

Horst Hanisch

Inhaltsverzeichnis

Prolog

Hinleitung zum Thema

Wir sind zur Zusammenarbeit geboren.
Marc Aurel, röm. Kaiser
(121 - 180)

Die digitale Welt der Kommunikation

Liebe Leserin, lieber Leser,

spätestens mit den Ausgangseinschränkungen ab März 2020 im Zusammenhang mit der Corona-Pandemie ist der Einsatz von Videokonferenzen und digitaler ‚Fernarbeit' überproportional sprunghaft ins Bewusstsein vieler Berufstätigen gedrungen.

In kürzester Zeit mussten die technischen Voraussetzungen geschaffen und Schulungen oder autodidaktisches Training durchgeführt werden, um der gewünschten Nutzbarkeit dieser Systeme eine Basis zu geben.

Diverse Angebote vieler Anbieter waren plötzlich im Gespräch, Programme, von denen oft die wenigsten vorher gewusst haben.

Aufgrund der enormen plötzlichen Nachfrage wurden selbst renommierte Anbieter überfordert. Die Kapazitäten reichten nicht im Geringsten aus. Folge: In den ersten Tagen waren die Systeme häufig überlastet und stürzten immer wieder ab.

Ein Lob an die Anbieter, IT-ler und andere Verantwortlichen, die es trotz aller Herausforderungen in relativ kurzer Zeit fertigbrachten, Millionen Menschen mit ihren Programmen einigermaßen zuverlässig arbeiten zu lassen.

In Talkrunden und Interviews ist immer wieder zu hören, dass „die Gesellschaft durch die Nutzung digitaler Medien in den letzten Wochen viel gelernt habe".

Das ist zweifelsohne richtig. Richtig ist auch, dass bereits vor Ausbruch der Pandemie Angestellte im Homeoffice arbeiteten und Gespräche über einen Tele-Kanal geführt wurden.

Lediglich die Schnelligkeit, in der viele Unternehmen und damit auch viele Beschäftigte unerwartet lernten, mit den neuen Systemen klarzukommen, „stand nicht auf dem Schirm".

Nachvollziehbarerweise gab es anfangs viele Fehler beim Arbeiten mit der Technik, stürzte mitten in Meetings das System ab
oder zeigten die Sicherheitsvorkehrungen relevante Lücken auf.

Die Anbieter der sogenannten Chat-Tools optimieren diese fast
täglich, gleichzeitig lernen die Nutzer ständig dazu. Die Fehler
und Herausforderungen der Anfangszeit sind überwunden.

Vorteile von Homeoffice und Telekonferenzen sind längst erkannt. Eine in der Zukunft weitestgehend virtuelle Zusammenarbeit ist wahrscheinlich.

Allerdings ergeben sich auch Nachteile, die erst nach und nach
erkannt werden. Beispielsweise, wie mit der ‚emotionalen Ver-
einsamung' der im Homeoffice arbeitenden Personen umzugehen ist.

Rund um das Thema Videokonferenz dreht sich das Verhalten
der Einladenden und der Eingeladenen.

Schulunterricht und das Vermitteln von Wissen an den Universitäten nimmt gänzlich neue Formen an.

Wie verhält sich die moderne Führungskraft bei der Arbeit mit
dem Team bei der Nutzung digitaler Programme?

Das Buch ist in 5 Teile gegliedert:

- Digitale Konferenz
- Online-Unterricht
- Virtuelle Führung
- Homeoffice
- Empathie und Vertrauen

Organisatoren, Einladende, Lehrende, Moderatoren, Führungskräfte und Arbeitgeber, Selbstständige auf der einen Seite, Angestellte, Kunden, Lernende, Gesprächspartner und andere auf
der anderen Seite werden in die effektive Verhaltens- und Arbeitsweise beim Einsatz von digitalen Veranstaltungen einge-
führt.

Sie zeigen Vor- und Nachteile der Arbeit von zu Hause aus und
deuten ‚Hybridlösungen' für die ideale Arbeit in dieser Form an.

Liebe Leserin, lieber Leser, egal wie gut die digitale Zusammenarbeit ablaufen kann – die emotionale Zusammenarbeit mit den
Menschen darf nicht außer Acht gelassen werden.

Auch im Netz gibt es eine Etikette und moderne Umgangsformen, um bei der ‚neuen Art‘ der Zusammenarbeit niemanden
ungewollt auf den Fuß zu treten.

Neben gutem Willen ist verstärkt Vertrauen gefragt, um die beruflichen Ziele optimal zu erreichen.

Ich wünsche Ihnen viel Spaß beim Lesen der folgenden Seiten,
hoffe auf die Ergänzung Ihrer bestehenden Erfahrungen diesbe-
züglich und idealerweise auch die eine oder andere – bisher
nicht bedachte – Erkenntnis.

Horst Hanisch

1 – Digitale Konferenz

Das digitale Ferngespräch

Die Technik entwickelt sich immer mehr vom Primitiven über das Komplizierte zum Einfachen.
Antoine Marie Jean-Baptist Roger Vicomte de Saint-Exupéry, frz. Schriftsteller
(1900 - 1944)

Telemeetings – Videokonferenzen

„Mein Computer macht gerade Probleme. Ich melde mich nochmal an." Viele Computer scheinen vielen Teilnehmern einer Videokonferenz Probleme zu bereiten. Liegt das an der Technik oder am Nutzer?

Manch einer wird sich schmunzelnd erinnern, wenn er an die vielen Pannen in den ersten Tagen bei der Nutzung dieser digitalen Chat-Programme denkt. „Wie geht noch mal die Kamera an?" „Könnt ihr mich hören?" Oder umgekehrt – nach Ende der Konferenz wurde das System nicht abgeschaltet, sodass ungewollt visuelle und akustische Einblicke in die Privatwelt des Nutzers entstanden.

Auch heute passiert es routinierten Nutzern immer mal wieder, beim Sprechen das Mikrofon rechtzeitig einzuschalten – oder anschließend wieder abzustellen. Immer mal wieder huscht im Hintergrund ein Familienmitglied durchs Bild oder erscheint plötzlich ein fröhlich auf die Tastatur hauendes Kleinkind im Blickfeld.

Eher seltener steht das übertragene Bild auf den Kopf oder ist die WC-Spülung einer unbeteiligten Person im selben Haushalt zu hören.

Sich begegnen – to meet – Meeting

Wie war das bei den klassischen Face-to-Face-Meetings?

Es ist bekannt, dass sich einige Teilnehmer zu den regelmäßigen Veranstaltungen regelrecht ‚hinquäl(t)en'. Speziell dann, wenn sie die Treffen als unnütze Zeit ansehen.

Wann immer die vorgesetzte Person von einer Mitarbeiterin oder einem Mitarbeiter hört „Ich muss zum Meeting", sollten sofort die Alarmglocken klingeln. Sobald das Wort ‚muss' ausgesprochen wird, ist ein unterschwelliger Druck, ein gewisser Wider-wille zu spüren. Die Motivation zur Teilnahme am Meeting würde dann eher als gering anzusehen sein.

Demnach ist daran gelegen, Meetings – und das gilt auch für Telemeetings – so zu gestalten, dass jeder immer gut informiert ist und sich auch selbst vernünftig und konstruktiv einbringen kann. Jede Anwesende, jeder Anwesende erhält dieselben Infor-mationen, was die Gerüchteküche einschränkt und Missver-ständnissen vorbeugt.

Der regelmäßige (zum Beispiel wöchentliche) Kontakt spiegelt sich im Wort Meeting wieder. Das Wort kommt aus der engli-schen Sprache ‚to meet‘, was bedeutet ‚sich treffen‘ oder einan-der ‚begegnen‘.

Meeting bedeutet demnach im übertragenen Sinn Besprechung, Beratung, Verhandlung, Zusammenkunft oder Vergleichbares. Diese Bezeichnungen implizieren den Austausch untereinander.

Ursprünglich ist das physische Zusammenkommen gemeint, nun auch das virtuelle.

Unabhängig der Folgen der durch die Pandemie ausgelösten Te-learbeit setzen sich immer mehr Menschen mit Fragen zum Um-weltschutz auseinander.

Kommen die Teilnehmenden zum Meeting aus verschiedenen Standorten angereist, ist das mit einem höheren Zeitaufwand und vor allem mit zusätzlichen Kosten verbunden, sowie der Be-lastung der Umwelt.

Was liegt näher, allein schon aus diesen Überlegungen sowie im Sinn des Umweltschutzes, Teleaktionen umzusetzen? Videokon-ferenzen, Telekonferenzen (abgekürzt: Telko), Webkonferenzen oder Online-Meetings können andere Bezeichnungen für diese Art des Meetings sein.

Das benutzte Wort Telemeeting soll hier stellvertretend verwen-det werden.

Vorteile von Telemeetings

Zeitliche Flexibilität:	Einladungen können sehr kurzfristig erfolgen. Mehr oder weniger jede Tages- und Nachtzeit ist denkbar, zum Beispiel bei notwendiger sofortiger Besprechung (nach Unfällen, Katastrophen).
Verkürzte Zeitdauer:	Nach Meinung vieler wird bei gut vorbereitetem und umgesetztem Austausch ‚Zeit gespart'. Störendes Querreden oder ‚Klein-Klein-Streitereien' sind in Telemeetings nicht gut umsetzbar. Durch die notwendige, erhöhte Aufmerksamkeit entsteht schneller Müdigkeit, sodass Teilnehmende zügig zum Ergebnis kommen wollen.
Vergrößerter Teilnehmerkreis:	Teilnehmerinnen und Teilnehmer können von überall aus der Welt zugeschaltet sein. (Zeitverschiebung!). Diejenigen, die dienstlich unterwegs sind, können sich ebenso ins Meeting einklinken, ohne ihre Dienstreise abbrechen zu müssen. Relativ viele Teilnehmer an verschiedenen Orten können schnell zusammenkommen. Statt wie bisher nur eine/n Verantwortliche/n aus einer Abteilung zu einem Meeting oder zu einer Schulung zu schicken, können mehrere aus derselben Abteilung problemlos teilnehmen. Grundsätzlich können mehr Personen an einem Meeting digital anwesend sein als in einem üblichen Besprechungszimmer/Konferenzraum.

Niedrigere Kosten:	Da der zeitliche Aufwand für An- und Abreise entfällt, werden erhebliche Kosten gespart. Reisekosten entstehen keine.
	Gegebenenfalls können dadurch Übernachtungskosten eingespart werden.
	Eine Buchung/Reservierung von Tagungsräumen intern und extern entfällt.
Effektive Umsetzung:	Die Verschiebung geplanter Reisen aufgrund eines wichtigen Meetings sind nicht mehr notwendig. Eine Zuschaltung von überall auf der Welt ist in der Regel möglich.
	Beschäftigte, die zu Hause sind, zum Beispiel im Homeoffice, können vom heimischen Arbeitsplatz aus teilnehmen. Sie müssen nicht extra einen Bürotag einplanen.
Gesicherte Nachverfolgung:	Der Austausch bei einer Kameraaufnahme kann durch eine Aufzeichnung gespeichert und für alle als zukünftigen Zugriff zur Verfügung gestellt werden. Auch derjenige, der nicht teilnehmen konnte, kann zu einem späteren Zeitpunkt alles anschauen.

Nachteile bei der Telearbeit

Unsichere Technik:	Die technischen Voraussetzungen müssen einwandfrei sein, damit jeder schnell zugeschaltet ist und dem Geschehen aktiv folgen kann.
	Das gilt auch für das Hochladen von Dateien und Videos.

Instabiles System:	Die Verbindung muss rechtzeitig ‚sicher' aufgebaut sein. Idealerweise soll die Verbindung möglichst nicht abstürzen.
Kompliziertes Handling:	Das problemlose und rechtzeitige Einwählen muss gewährleistet sein.
Unzuverlässige Sicherheit:	Die Sicherheit nach außen hin ist gewährleistet. Der gewählte Anbieter garantiert einen zuverlässigen Schutz.
Unautorisierter Zugriff:	Geteilte Monitore, Bilder, Aufzeichnungen und Redebeiträge dürfen nicht in ungewollte Hände gelangen.
Unautorisierte Teilnehmende:	Zugriff zur Teilnahme dürfen nur diejenigen haben, die auch tatsächlich eingeladen wurden.
Löchriger Datenschutz:	Neben dem Eingeladenen befindet sich kein Unbeteiligter in dessen Arbeitsraum (zum Beispiel ein Familienangehöriger).
Fehlender Überblick:	Die einladende Person hat einen eingeschränkten Gesamtüberblick über das Verhalten aller Teilnehmer.
Eingeschränkte Kommunikation:	Wie reagieren diese bei Aussagen oder Kommentaren? Wie ist die Körpersprache, die Mimik? Über die Chat-Programme ist die Körpersprache der Teilnehmenden eingeschränkt zu erkennen. Es fehlt die kommunikative Bewegung, der echte Kampfgeist, die würzige Ironie und eine ansprechende Atmosphäre der Zusammenarbeit.
Schwache Disziplin:	Mehr Disziplin als üblich ist erwartet. Ansprechen mit Namen, gegenseitig ausreden lassen und so weiter.

| Eingeschränkte Kontrolle: | Ist bei ausgeschalteter Kamera jeder Teilnehmer tatsächlich anwesend oder beschäftigt er sich gerade mit scheinbar Wichtigerem? |
| | Wird der Austausch für außerberufliche Zwecke mitgeschnitten? |

Geordnetes Verhalten im Teammeeting

Zu Beginn eines Telemeetings bittet die Moderation die Teilnehmer, störende Hintergrundgeräusche auszublenden. Es hat sich als gut erwiesen, wenn Teilnehmende ihr Mikrofon auf stumm schalten, solange sie keinen eigenen Beitrag platzieren.

Einige Chat-Programme bieten der Moderation (dem Organisator) die Option, den Teilnehmenden das Mikrofon stumm zu schalten.

Es gibt Programme, bei denen ein Redewunsch durch ein Handzeichen signalisiert werden kann. Die Online-Moderation kann die betreffende Person aufrufen.

Die Moderation bittet die Anwesenden, bei Fragen an eine Person diese direkt mit Namen anzusprechen und zu Beginn eines Beitrags immer den eigenen Namen zu nennen. Somit wird das Kreuz- und Querreden minimiert und einem Verlust der Orientierung vorgebeugt.

Eigene Redebeiträge sind möglichst kurz und aussagekräftig zu halten, um endlose Monologe und Wiederholungen einzuschränken.

Es wird gut vernehmbar, ohne zu nuscheln und auch nicht zu schnell, gesprochen.

Oft findet sich die Option des Sendens einer Nachricht im Chat. Der Chat ist für alle einsehbar oder nur für die direkt angeschriebene Person.

Wird eine Nachricht an die Moderation geschickt, kann diese entscheiden, im Forum oder im Chat-Fenster zu antworten oder erst später zu reagieren.

Bei überschaubarer Teilnehmerzahl wird die Moderation zu Beginn des Telemeetings die Anwesenden mit Namen begrüßen, damit jeder weiß, wer am Treffen teilnimmt. Unabhängig davon, ob die Namen der Teilnehmenden für jeden zu lesen sind.

Die Moderation achtet gut darauf, dass jeder seine Redebeiträge einbringen kann und niemand übergangen wird.

Wie beim klassischen Meeting wird sie abschließend die Teilnehmenden verabschieden.

Gerade dann, wenn firmenfremde Personen, sonstige Außenstehende oder Gäste an Videokonferenzen teilnehmen, muss das von der Webkamera aufgenommene und wiedergegebene Bild einwandfrei sein.

Damit ist nicht nur die Qualität des übertragenen Bildes (und des Tons) gemeint, sondern auch die Accessoires, die im Hintergrund des Bildes zu sehen sind.

Kamera-Tracking-Technologie

Tracking in diesem Zusammenhang steht für die Erfassung von Körperbewegungen. Die Kamera-Tracking-Technologie wird meist zur Überwachung oder nach Verfolgung zur Erhöhung der Sicherheit eingesetzt.

Tatsächlich passt diese Technik in Telemeetings. Beispielsweise in große Konferenzen. Beim Einsatz der Technik wird der jeweils Sprechende über eine Spracherkennung automatisch per Kamera erfasst und das Bild gezoomt. Der Sprecher ist dann für alle Beteiligten auf dem Monitor zu sehen und zu hören.

Die vergrößerte Darstellung geschieht automatisch, ohne dass jemand manuell eingreifen müsste. Gute Systeme arbeiten mit Gesichtserkennung und Körper-Positionserkennung sowie mit der Analyse von Körperbewegung.

Ergreift nun eine andere Person das Wort, schwenkt das System automatisch vom bisherigen Redner zum nächsten.

Mit dieser Technik können auch bei einer großen Teilnehmerzahl viele Personen zu Wort kommen, ohne dass ein Moderator jeweils eine Sprecherlaubnis erteilen muss.

Es ist sogar denkbar, dass alle Beteiligten in einen virtuellen Raum zusammensitzen, wobei jeder tatsächlich von einem anderen Ort aus an dieser Konferenz teilnimmt.

Seriosität und Sicherheit

„Ich bin mir nicht sicher", stöhnt ein Kunde, „ob meine Daten nicht in falsche Hände geraten".

Allein schon aufgrund des Datenschutzes dürfen keine sensiblen Informationen ‚aus Versehen' übertragen werden. Ordnerrücken mit verräterischen Namen oder Hinweisen zu Projekten sind nicht für fremde Augen gedacht. Wandkalender mit Markierungen, Namen, Vermerken und so weiter gehen andere nichts an.

Privates, wie Fotos der ‚Lieben', halb ausgetrunkene Kaffeetassen, Plüschtiere und Ähnliches wirken sehr schnell unprofessionell.

Sollte die Videokonferenz aufgezeichnet werden, holt die Moderation zu Beginn (oder im Vorfeld) selbstverständlich die Erlaubnis der Gesprächsteilnehmer ein.

Je nach gewähltem Programm und Einstellungen können beim ‚Teilen des Monitors' (alle Anwesenden sehen das angebotene Bild, Video oder den eingespielten Text) sonstige geöffnete Seiten auf den (anderen) Rechnern eingesehen werden. Deshalb passt die Moderation gut auf, dass sie alle eigenen Dateifenster, auf die sie nicht beabsichtigt zuzugreifen, vor Beginn der Konferenz schließt.

So denkt die Moderation schließlich nur noch daran, dass die Webkamera richtig ausgerichtet wurde und nicht etwa in eine grelle Lichtquelle filmt.

Eingeschränkte Kommunikation in der digitalen Konferenz – Verlust der Atmosphäre?

Das Arbeiten über Distanz mit einem der bekannten Chat-Programmen zeigt bei aller technischen Raffinesse eine erhöhte Anforderung an alle Teilnehmenden.

Vieles, was bei klassischen Konferenzen im selben Raum ‚so nebenbei' registriert wird, wird in der digitalen Welt nicht erfasst.

Unauffällige Signale der Zu- oder Ablehnung zwischen zwei Teilnehmern zu einem gerade laufenden Redebeitrag sind so gut wie nicht möglich.

Die Mimik und Gestik, als Teil der aussagekräftigen Körpersprache, wird stark reduziert beziehungsweise ist auf dem Monitor nicht gut sichtbar.

Applaus, Gelächter, verbale und nonverbale Unterstützung des Redenden, die Atmosphäre im Raum und anderes mehr, lassen sich in Telemeeting bei weitem nicht so einsetzen, wie es bei vor Ort stattfindenden Veranstaltungen wäre.

Redner, die rhetorisch geschickt ihre Stimme einsetzen, Sprechpausen gezielt platzieren, mit der Reaktion der Zuschauer ‚spielen', werden diese (manchmal manipulierenden) Möglichkeiten im Digitalen eingeschränkt sehen.

Der Einbezug durch einen konkret und absichtlich gelenkten Blickkontakt zu bestimmten Personen im Raum entfällt, da üblicherweise in Richtung Kamera gesprochen wird.

Wendet sich im realen Meeting ein Redner direkt an einen anderen Teilnehmer, ist im Kamerabild nicht zu sehen, wem er sich zuwendet.

Mit allen Sinnen gestalten und wahrnehmen

Ist die Atmosphäre bei Großveranstaltungen, zum Beispiel auf Parteitagen oder bei Aktionärsveranstaltungen, übertragbar auf die Person, die alleine vor der Kamera sitzt? Wohl kaum – die Wechselwirkung untereinander fehlt.

Bekanntlich nimmt der Mensch mit allen 5 Sinnen wahr: hören, sehen, riechen, schmecken und tasten. Das Hören und das Sehen sind in der Regel bei einer gut eingestellten Übertragung gewährleistet.

Der Sprechende kann den Zuhörern helfen, indem er mit gut verständlichem Sprechtempo spricht; nicht zu schnell, nicht zu langsam.

Der Redner bildet Sätze, wobei die Interpunktion ‚hörbar' wird.

Dort, wo im Schriftbild Kommata oder Punkte gesetzt werden, erfolgt eine kurze, passende Sprechpause. Schachtelsätze werden vermieden.

Die Aussprache soll klar und sauber sein. Genuschelte oder nicht verstandene Wörter ärgern schnell den Zuhörer. Auch das Ende des Satzes ist hörbar ausgesprochen.

Die richtige Betonung beugt dem monotonen Redefluss vor.

Der Sprechende verwendet ein verständliches Vokabular. Fremdwörter, die der Zuhörer nicht kennt, werden sofort übersetzt/erklärt.

Für Menschen, deren Gehör eingeschränkt ist, ist die Mimik beim gesprochenen Wort unglaublich wichtig. Hier kommen die Wahrnehmungen Hören und Sehen zusammen.

Der Zuhörer beziehungsweise die Zuschauerin verbindet das Gehörte (das Ausgesprochene) mit dem Gesehenen (hier der Mimik). So kann er den Ausführungen des Redners leichter folgen.

Körpersprache hörbar machen

Bei der Beobachtung von Übersetzern in Gebärdensprache ist die deutlich sichtbare Mimik fantastisch zu erkennen.

Nicht nur die Gesichtszüge und -bewegungen sind beim Übersetzen eine wichtige Grundvoraussetzung, sondern auch deutliche Gesten.

Beide Hände und Arme sind unermüdlich im Einsatz, um den Text nonverbal übermitteln zu können.

Dieses Verhalten ist übertragbar auf viele Redner, die zu ‚klassischem' Publikum sprechen.

Sie gestikulieren dort, wo es passt, sie setzen Deute-Gesten ein und unterstreichen mit der nicht gesprochenen Körpersprache das gesprochene Wort.

Auf der Bühne bewegt sich der Redner unter Umständen, sodass der Zuhörer immer mal wieder eine unterschiedliche Perspektive erhält. Seine Aufmerksamkeit bleibt gewährleistet.

Bei einer Kameraübertragung, die immer nur den gleichen Ausschnitt des Redners zeigt, kann sich beim Zuschauer schnell Müdigkeit oder ein Aufmerksamkeits-Defizit einstellen.

Zumal der Redner in Konferenzen häufig sitzt, sodass nur der Kopf und ein geringer Teil des Oberkörpers sichtbar ist.

Sollte der Sprechende, zum Beispiel bei einer Pressekonferenz bis zur Tischfläche hin erkennbar sein, kommt seine Körpersprache deutlicher zum Einsatz.

Trotzdem: Das, was hinter einem Pult oder einem Tisch versteckt ist, fehlt an der Ausdruckskraft der Körpersprache.

Also: Deutlich und gezielt die Körpersprache einsetzen.

Riechen, Schmecken, Tasten? – Ansprechen der Spiegelneuronen

Online lassen sich die Sinne Riechen und Schmecken viel schwieriger über eine Kameraaufzeichnung vermitteln.

Die Werbeindustrie hat hier seit vielen Jahren erfolgreiche Pionierarbeit geleistet. Marketingexperten haben in diesem Bereich Bestleistung erbracht.

Sie schaffen es, durch Bild und Ton die Ware, die Leistung, das Produkt so darzustellen und zu erklären, dass beim Empfänger dank seiner Spiegelneuronen der Geruch und der Geschmack angeregt werden.

Wird über eine Tasse wohlduftenden, heißen Kaffeegetränks gesprochen, wird bei den meisten Zuhörern der Duft und die Wärme wahrgenommen. Zumindest bei den Zuhörern, die gerne Kaffee trinken.

Als anderes Beispiel soll die Übermittlung eines Glases kalten Bieres dienen, das bei dem angesprochenen Zuschauer/Zuhörer direkt die Lust an einem frisch gezapften Bier entstehen lässt.

Bleibt nur noch der Tastsinn. Wie wird dieser beim Zuschauer angeregt?

Zuerst einmal über die Spiegelneuronen, so wie beim Riechen und Schmecken. Entweder durch die Beschreibung eines Gegenstandes oder eines Vorgehens oder durch Zeigen.

Beim Zeigen gilt es, den Gegenstand zu berühren, mit der Hand über die Oberfläche zu streichen, um die Temperatur und Konsistenz des Materials aufzunehmen.

Sofern machbar, wird der Gegenstand angehoben, gedreht und bewegt. Der Zuschauer soll den Gegenstand aus allen Richtungen sehen können und das Gefühl erhalten, ihn selbst zu bewegen und zu fühlen.

„Stellen Sie sich mal vor ...“

Private Verkaufssender arbeiten erfolgreich teilweise rund um die Uhr mit dieser raffinierten ‚Manipulation‘. Weshalb sollte ein Redner vor vergleichbarer Vorgehensweise zurückschrecken?

Im Gegenteil. Je mehr Sinne beim Zuschauenden angeregt werden, desto besser wird der Redner verstanden.

Da üblicherweise die dargestellten Verkaufsschritte verbal begleitet werden, hilft manchmal ein rhetorischer Trick.

Der Redner forderte die Zuhörer auf: „Stellen Sie sich vor, Sie ...“ In diesem Augenblick konzentriert sich das Gehirn auf seine emotionalen, kreativen Wahrnehmungen, während es gleichzeitig die rational arbeitenden Gehirnzellen in den Hintergrund stellt.

Mit dem Einsatz und dem Anregen der fünf Sinne wird beim Zuschauer entsprechend wahrgenommen und das Mitgeteilte viel leichter verstanden.

Die digitale Arbeit freut sich über solch eine Umsetzung.

2 – Online-Unterricht

Aus- und Weiterbildung aus der Ferne

Richtet euren Unterricht auf eine die Kinder unterhaltende und ergötzende Weise ein.
Bernhard Heinrich Overberg, dt. Pädagoge
(1754 - 1826)

Homeschooling

„Ihr bleibt zu Hause und bekommt von uns Aufgaben. Die Ergebnisse mailt ihr uns einfach zu." Die Schülerinnen und Schüler schauen sich betroffen an. „Schon wieder Homeschooling?" „Das geht auf die Nerven." „Muss ich wieder den ganzen Tag auf meinen kleinen Bruder aufpassen?" „Die wissen doch, dass ich keinen Laptop habe." „Wie soll ich arbeiten, wenn meine Mutter ständig das Fernsehprogramm voll aufdreht?"

Der eine oder andere Schüler wirft vorsichtig zu bedenken ein, dass er dann seine Schulfreunde nicht mehr sehen kann. Nur wenige Schüler freuen sich, nicht in die Schule zu müssen. Ob sie zu Hause die erwarteten Schulaufgaben erledigen werden?

Die Lehrerin kann keine bessere Erklärung geben als die der Corona-Schutzmaßnahmen. Sie selbst würde auch lieber in Präsenz-Form unterrichten, gehört sie doch zu den Lehrkräften, die gerne mit den Schülerinnen und Schülern zusammenarbeiten würde.

Fernunterricht – Distanzunterricht

Nun, die Gründe, die zum Homeschooling führen, sind bekannt. Gemeint ist damit das Lernen und Unterrichten aus der Ferne; müsste besser Fernunterricht heißen. Ursprünglich ist unter Homeschooling Hausunterricht gemeint. In diesem Zusammenhang treten Eltern als Lehrer auf oder Privatlehrer werden engagiert. In der deutschen Kultur gibt es nur wenige Ausnahmen zur gesetzliche Regelung, einen Hausunterricht durchführen zu dürfen.

Wird das Wort Homeschooling heutzutage verwendet, ist nicht die Unterrichtung der Kinder durch Eltern gemeint, sondern oft der Fernunterricht von der Schule aus, außerhalb des Schulgebäudes.

Die Alternative zum Fernunterricht beziehungsweise Distanzunterricht wäre, gar keinen Schulunterricht zu geben. Die dadurch entstehenden Nachteile für Schüler und Schülerinnen liegen auf der Hand. Die Wissensvermittlung des Unterrichtsstoffes wäre unterbrochen. Schüler könnten den Schulabschluss nicht mehr erreichen oder gerieten im Vergleich zu anderen Nationen in Nachteil.

Unterricht ohne direkten Kontakt

In der Anfangszeit der Corona-Pandemie waren die meisten Lehrerinnen und Lehrer überfordert mit der Aufgabe, ihren Unterrichtsstoff aus dem Stand heraus weiterhin zu vermitteln, ohne direkten Kontakt mit den zu Unterrichtenden haben zu können.

Manche Lehrkraft kopierte mühsam Unterlagen, schickte sie an die Schüler oder brachte das Arbeitsmaterial per Fahrrad beziehungsweise im Auto selbst vorbei. Bis zu einem bestimmten Zeitpunkt mussten die Schüler die ausgefüllten Lösungsblätter zurückschicken.

Dann konnte die Lehrkraft, wieder mit hohem zeitlichen Aufwand, die eingereichten Aufgaben korrigieren und aufbewahren.

Einige Lehrerinnen und Lehrer waren technisch fortschrittlicher eingestellt. Sie konnten Aufgaben per Mail verschicken, sofern sie von allen Schülern die Mailadresse hatten.

Eltern werden zu Ersatz-Lehrern

Nicht jeder Schüler verstand die gestellten Aufgaben auf Anhieb. Wen sollte er fragen? Die Eltern? Könnten die zufriedenstellende Hilfestellung geben? Kannten sie sich mit dem Unterrichtsstoff aus? Hatten sie die notwendige Zeit, sich in die schulischen Aufgaben des Nachwuchses einzuarbeiten?

Manche Eltern klagten, zu Lehrern ‚degradiert‘ zu werden – und zwar zu Lehrern in allen in der Klasse unterrichteten Fächern.

Nicht jeder Schüler besitzt ein Smartphone, Laptop oder Rechner, mit dem gearbeitet werden kann. Mancher besitzt ein uraltes Gerät, das bestimmte geschickte Dateien weder öffnen noch ausdrucken kann.

Und wieder andere ,vergessen' den Maileingang regelmäßig zu kontrollieren. Hin und wieder verschwinden Mails ungelesen im Spam-Ordner.

Mittlerweile sind viele Schulen so weit, ihren Schülern ein brauchbares Laptop zur Verfügung stellen zu können, mit der notwendigen, bereits vorinstallierten Software und einer günstigen Flatrate für die benötigte Benutzung.

Zumindest sind so die technischen Voraussetzungen in vielen Fällen geschaffen.

Konditionen der Schüler und Schülerinnen

Lehrenden ist bewusst, dass manchen Familien die Voraussetzungen für den Fernunterricht fehlen. Neben möglicher leistungsschwacher Übertragung ist gut zu überlegen, wo und wie lange der Schüler zu Hause arbeiten kann.

Muss der Schüler sich das Endgerät mit jemandem aus der Familie teilen? Gibt es einen (Schreib)-Tisch für den Schüler? Hat er Zugriff auf alles notwendige Material? Kann er ungestört arbeiten?

Wie viel Aufmerksamkeit bringt der Schüler auf? Ist es besser, die Schulstunde auf zum Beispiel eine halbe Stunde zu reduzieren?

Hat der Schüler genügend (Deutsch)-Kenntnisse, um den gestellten Aufgaben folgen zu können? Wie geht der Lehrer mit dem Arbeitstempo schwacher Schüler im Vergleich zu den schnell Denkenden um? Wie vermeidet er Frust auf der einen Seite oder Langeweile auf der anderen?

Fächer wie Kunst, Sport, kreatives Arbeiten – wie erfolgt hier eine Umsetzung in die Ferne?

Die lehrende Person wird mit einer großen Anzahl von Aufgaben konfrontiert, mit der sie gar nicht gerechnet hatte.

Noch mehr als im klassischen ,Frontalunterricht' ist die interessiert arbeitende Lehrkraft bereit, sich in die Gedankenwelt der anvertrauten Schüler zu versetzen, sowie deren Lernkonditionen zu berücksichtigen.

Empathie mit den Unterrichteten

Das fängt bei sauber und ‚logisch' gegebenen Dateinamen geschickter Unterlagen an, die auch noch nach mehreren Wochen problemlos (wieder-)gefunden werden können.

Sind die schriftlichen Aufgaben so gestellt und formuliert, dass sie möglichst ohne Nachfrage verstanden werden können?

Aufgabenstellungen müssen möglichst verständlich sein, um Unklarheiten oder gar Missverständnisse zu vermeiden.

Nicht jede Schülerin oder Schüler traut sich, Rückfragen zu stellen, um sich keine vermeintliche Blöße zu geben.

Schülern mag es helfen, erfolgt immer wieder die Aufforderung, Rückmeldung zu geben und Fragen zu stellen.

Weiß der Schüler genau, was – und bis wann – von ihm verlangt wird, erleichtert es ihm die Arbeit und ermöglicht ihm, ein vernünftiges Ergebnis rechtzeitig abzuliefern.

Ist vereinbart, auf welchem Weg und zu welcher Zeit ein virtuelles Gespräch stattfinden kann?

Fairer und diskriminierungsfreier Umgang im Online-Unterricht

Manche Schule lässt den Lehrern die Freiheit und benötigte Zeit, in Kontakt mit Schülern treten zu können. Sei es über ein klassisches Chat-Programm, via Internet-Telefondienst oder einem Bild-Telefonat mit dem Smartphone.

Ein Nachrichten-Sofort-Versand (Instant-Messaging-Dienst) kann eine hilfreiche Variante sein.

Beim gleichzeitigen Übertragen des Bildes, dringt die Lehrkraft sozusagen in die Privatwelt des Gesprächspartners – hier des Schülers – ein. Das im Bild mitzusehende Umfeld des Aufgenommenen lässt unter Umständen Rückschlüsse auf Vorlieben wie auch auf den sozialen Status zu.

Seriös arbeitende Lehrkräfte werden diese zusätzlichen, nebenbei erhaltenen Informationen weder weiterverwenden, noch zum Nachteil des Schülers einsetzen.

Manche Programme bieten die Variante eines ‚Screen Sharing‘ (Teilen des Bildschirms, auch Desktop Sharing) an, wodurch der Lehrer – virtuell – auf den Rechner des Schülers greift. Er sieht dieselbe Darstellung auf seinem Monitor, die auch der Schüler sieht.

Theoretisch wie praktisch könnte nun der Lehrer sehen, welche anderen Dateien oder Bilder gespeichert sind und hätte genauso theoretisch wie praktisch sogar Zugriff darauf.

Fast unnötig zu bemerken, dass er sich hier im illegalen Bereich bewegte.

Diskretion und professionelle Distanz

Eine weitere Herausforderung für den in dieser Form arbeitenden Lehrer ist, trotz aller Hilfsbereitschaft und gewünschten Empathie eine vernünftige Distanz zum Schüler zu halten.

Auch wenn Gespräche nicht aufgezeichnet werden, muss das Verhalten des Unterrichtenden absolut ‚politisch korrekt‘ bleiben. Diskriminierungen aller Art sind ausgeschlossen.

Grenzwertige Überschreitungen in Sachen Religion, Sexualität und so weiter sind tabu.

Schließlich gilt, dass gemachte Aussagen des Lehrers eindeutig den vorgegebenen Richtlinien entsprechen. Damit ist verbunden, nicht etwa eine wohlgemeinte Vorzugbehandlung einzuräumen.

Alle betreuten Schüler müssen dieselben Chancen erhalten und Möglichkeiten haben, ihre adäquate Benotung zu erzielen.

Es ist menschlich, dass eine unterrichtende Person den einen oder anderen Lernenden sympathischer findet.

Dieses unterschiedliche Gefühl der Zuneigung darf sich nicht auf die Behandlung – geschweige denn auf die Bewertung – der Anvertrauten übertragen.

Erhöhte Anforderungen an Lehrende, Lernende und Eltern

Es zeigt sich deutlich, dass die Anforderungen an die zielführende Zusammenarbeit zwischen der Lehrkraft und dem Lernenden eine besondere sind. Sie haben an Bedeutung zugenommen.

Schülerinnen und Schüler sollten überzeugt und motiviert sein, dem angebotenen virtuellen Unterricht positiv zu folgen.

Hilfreich ist es zudem, wenn Eltern hierbei die Schüler unterstützen und positiv in Bezug über diese Art des Unterrichts sprechen. Abwertende Äußerungen über eine Lehrerin oder einen Lehrer stören oder zerstören die optimale Zusammenarbeit.

Manche Eltern suchen für ihre Kinder aus zahlreichen Angeboten, die das Internet bereithält, das eine oder andere schulische Ergänzungsprogramm heraus.

Das sensible Einfühlungsvermögen der Lehrerin oder des Lehrers hilft, einen Unterricht zu gestalten, der die Schüler neugierig macht, motiviert mitzumachen und damit einen guten Weg zu den Prüfungen vorbereitet.

Der immer wieder notwendige Austausch zwischen Lehrkraft und Schüler sowie gezielt eingefordertes Feedback helfen, den Unterricht ständig zu optimieren.

Hybrid-Unterricht

Die meisten Schüler, Eltern und Lehrer bevorzugen den Präsenzunterricht.

Manche Schulen und Universitäten sind dazu übergegangen, einen Hybrid-Unterricht durchzuführen. Der virtuelle Unterricht und die Präsenz-Form sind feste Bestandteile des Unterrichts.

Sie bringen die Vorteile beider Varianten zusammen und können – in wechselnder Reihenfolge – dadurch zu einer bevorzugten Unterrichts-Form führen.

Interaktive Teamarbeit

Gute Chat-Programme bieten die Möglichkeit, neben dem virtuellen Klassenraum/Vorlesungsraum (dort treffen sich die Schüler und Schülerinnen, sowie die Lehrkraft) virtuelle Gruppenräume einzurichten.

Lehrer, Dozenten, Professoren können ihre Schüler, Teilnehmer, Studierenden individuell in solch eine Gruppe einladen. So kann die gesamte Gruppe der Anwesenden in kleine Gruppen geteilt werden.

In diesen kleinen Gruppen können die Eingeladenen dann intensiv zusammenarbeiten, sich austauschen, ein Projekt bearbeiten, eine Präsentation vorbereiten, Lerngruppen bilden und anderes mehr.

Der Unterrichtende kann von Gruppe zu Gruppe wechseln. Er kann die Mitarbeit Einzelner beobachten, Tipps geben, Fragen beantworten und den Wissensstand der Gruppe besser einschätzen.

Ist der Unterrichtende gut vorbereitet, kann er knifflige Aufgaben stellen, die idealerweise im Team zu lösen sind.

Ist der Zugriff auf weitere Medien erlaubt, kann das Team recherchieren, Zwischenergebnisse sammeln und zu einem Konsens kommen.

Falls gewünscht, kann das Arbeiten in verschiedene Gruppen eine Art Wettbewerb entstehen lassen. Vor allem dann, wenn die Ergebnisse nach angemessener Zeit im großen (virtuellen) Klassenraum den anderen präsentiert werden kann.

Somit kann eine kurzweilige, abwechslungsreiche und interaktive Arbeit entstehen, die den Lernenden Spaß bereitet und die Zeit ‚wie im Flug‘ verstreichen lässt.

Medieneinsatz – Einsatz digitaler Technik

Viele der aktuellen Chat-Programme lassen Medieneinsatz zu. Zugriff auf Webseiten, Einsatz von Online-Tutorials, Anklicken von Links, Verwenden von Apps und anderem mehr, bringen bei professionellem Einsatz die gewünschte Abwechslung.

So können selbst erstellte Texte gescannt oder fotografiert ‚hochgeladen' werden – und zwar während des Unterrichts.

Dateien können auf dem System gespeichert werden, sodass Lernende diese während oder außerhalb der regulären Unterrichtszeit ‚herunterladen' können.

Es gibt hervorragende Computerprogramme, meist sogar vorinstalliert und daher ohne zusätzliche Kosten, die anschauliche Folien erstellen können.

Der Unterrichtende vermeidet die Überfrachtung der Folie mit Text. Gut lesbar, auch auf eine gewisse räumliche Distanz, sind ca. 7 Zeilen/Aufzählungen.

Die beschriftete Folie wirkt ‚ausgewogen'; das heißt, weder ist der Text kopf- noch fußlastig, weder extrem links noch rechts ausgerichtet.

Erklärende Diagramme und Bilder vermitteln den fachlichen Inhalt noch besser.

Auf ein sauberes Layout und eine CI (Corporate Identity) ist geachtet. Damit ist gemeint, dass die Schriftart und die Schriftgröße auf allen Folien gleich sind, eventuell das Logo der Institution immer an derselben Stelle eingefügt auf den Folien auftaucht. Kopf- und Fußzeilen, Foliennummerierungen und so weiter sind immer gleich platziert.

Mancher Unterrichtende lässt die Lernenden stundenlang Filme anschauen.

Ist das nur eine bequeme Art des Unterrichts? Wird der Film vorab besprochen? Werden anschließend bestimmte Szenen analysiert? Wurden Fragen oder Aufgaben gestellt, die während des Anschauens zu beantworten sind?

Gleiches gilt für TV-Sendungen, die unter Umständen einen fachlichen Inhalt gut erläutern.

Copyright beachten

Manchmal bringen kurze, fachbezogene Videoclips abwechslungsreiche Momente in den Online-Unterricht.

Aber Achtung: Der Datenschutz beziehungsweise das Copyright sind zu beachten!

Pädagogisch wertvoller kann es werden, sollen die Lernenden die Arbeit an einem Projekt oder die Erläuterung zu einer Aufgabe selbst filmen und im Unterricht vorführen.

Gut organisierte Lehrkräfte erstellen einen kurzweiligen und abwechslungsreichen Unterricht, der zur Mitarbeit anregt und motiviert.

Zur Vorbereitung gehört es, den Medieneinsatz in aller Ruhe rechtzeitig vor Beginn des Unterrichts zu testen.

Startet vor der Klasse das ausgesuchte Medium nicht, fehlt der Ton, stockt das Video, breitet sich leicht Enttäuschung aus.

Virtuelle Realität – Virtual Reality (VR)

Nicht nur im Online-Unterricht werden Wege gesucht und gefunden, dem Gegenüber das Wissen, die Leistung oder das Angebot virtuell darzustellen.

Die virtuelle Realität ist inzwischen so weit, dass Probanden, ausgerüstet mit Sensoren, Handschuhen und einer 3D-Brille animierte Räume betreten können.

Sie können sich dort bewegen, sich umschauen, Dinge dreidimensional wahrnehmen. Sie können Ausgestelltes anfassen und über Sensoren in den Handschuhen das virtuell Getastete spüren.

Die gezeigten Produkte lassen sich unter Umständen variieren – in Farbe, Größe und Form.

Produzenten können in solchen virtuellen Schaufenstern oder virtuellen Ausstellungsräumen ihre Produkte detailliert darstellen. Der Kunde ‚schaut sich um' und wählt aus.

Bei Bedarf tritt er in einen Chat-Austausch oder ein Video-Telefonat mit einem Verkäufer, der wiederum im Büro des Unternehmens (oder im Homeoffice) sitzt.

Der Kunde könnte die Ware direkt ordern, so wie er es von zu Hause auch beim Online-Shopping gewohnt ist.

4D-Welt

Viele aktuelle Videospiele sind bereits verblüffend perfekt und unglaublich lebensecht in ihrer Darstellung. Nach wenigen Minuten ist sich der Besucher schon gar nicht mehr bewusst, dass er sich in einer virtuellen Welt befindet.

Diese Spielewelt wird nun übertragen in eine Geschäftswelt. In dieser animierten Geschäftswelt bewegt sich der Kunde in der 4. Dimension. Er hat das Gefühl, tatsächlich an einem anderen Ort zu sein. Er kann in alle Richtungen schauen, sich bewegen und wahrnehmen.

Diese raffinierte Technik bringt es fertig, den Spielern, hier den Kunden, das Gefühl zu vermitteln, in einer anderen (idealerweise in einer vorgetäuschten realen) Welt zu sein. Meist dauert es nur wenige Augenblicke, bis der Kunde sich an die Situation gewöhnt hat.

Das virtuelle Reisebüro der Zukunft – 4D-Szenario

In folgendem, noch leicht nach Zukunftsmusik hingehenden Szenario, soll ein Besuch im Reisebüro in naher Zukunft in einer 4D-Welt beschrieben werden.

Der Kunde betritt das virtuelle Reisebüro und taucht in die 4D-Urlaubswelt ein.

Dort erkundet er mit allen fünf Sinnen sein Reiseziel. Er spürt die Temperatur, Windbewegungen, hört und sieht, was um ihn herum geschieht und kann sogar den einen oder anderen Geruch wahrnehmen. Sogar das Stimmengewirr anderer Touristen ist wahrnehmbar.

In der 3D-Welt liegt schon eine verblüffend empfundene (virtuelle) Realität vor. Das 4D-Szenario ist sozusagen eine Erweiterung, in der der Kunde tatsächlich das Gefühl empfindet, in die animierte Darstellung einzutauchen und sich dort zu bewegen.

Bietet diese – noch etwas futuristisch, fantastisch klingende Variante nicht unglaubliche Möglichkeiten eines virtuellen Unterrichts?

Allein die Vorstellung eines Physikunterrichtes mit Experimenten oder des Biologieunterrichts bei der Erklärung eines Lebewesens (zum Beispiel im virtuellen Zoo) entsteht sozusagen vorm inneren Auge.

Wer könnte sich der Neugierde entziehen, sich auf solch eine ‚neue Welt' einzulassen? Vielleicht liegt diese Art der Zukunft näher, als viele denken.

Virtuelle Realität im Bewerbungsprozess

Aus der Zukunft zurück in die Realität, dort zu Bewerbungsprozessen. In vielen Unternehmen erfolgt der Erstkontakt über das Internet beziehungsweise die Website.

Ein Bewerbungsgespräch selbst wird vermehrt auch online durchgeführt, wobei es immer wieder kritische Stimmen über diese Art des Interviews gibt, da die ‚persönliche Ausstrahlung' im Online-Austausch nur eingeschränkt empfunden wird.

Kommt es zum Assessment-Day, setzen manche Unternehmen diese virtuell um, als virtuellen Assessment-Day. Klassische IQ-Tests, sofern noch eingesetzt, können sowieso problemlos online durchgeführt werden. Viel interessanter sind praktische Übungen, in denen räumliche Intelligenz, kognitive Fähigkeiten und das Vorstellungsvermögen geprüft werden können.

Wie löst ein Kandidat/eine Kandidatin eine Aufgabe, in der beispielsweise ein Modell gebastelt werden soll? Wie soll das online funktionieren?

Nun, durch die Möglichkeit der Virtuellen Realität, mit entsprechendem technischem Zugriff und notwendiger Ausstattung. Der Bewerber kann in seinem Verhalten genau beobachtet und analysiert werden. Wie geht er vor, welche Dateien oder Hilfsmittel verwendet er, wie häufig wechselt er in der Strategie oder wie ‚logisch' strebt er sein Ziel an?

Abschließend sei noch die Datenbrille erwähnt. Die Funktionen der getragenen Datenbrille werden durch die Augenstellung, die Stimme oder durch Handzeichen gesteuert.

Über die Datenbrille Gesehenes kann analysiert werden.

3 – Virtuelle Führung

Führung an der langen Leine

Furchtbar viele Menschen verwechseln schlechte Führung mit Schicksal.
Frank McKinney Hubbard (Kin Hubbard), US-am. Humorist
(1868 - 1930)

Führung auf Distanz

„Ha, ich halte meine Mitarbeiter und meine Mitarbeiterinnen an der langen Leine!" Die Vorgesetzte strahlt, weil sie meint, einen guten Witz gemacht zu haben.

Bei Telekonferenzen müsste die Leine sehr wahrscheinlich extrem lang sein. Aber – das ist auch gar nicht gemeint. Hier geht es um die Online-Führungen, die auf viele Kilometer entfernte Distanz arbeiten.

Dabei zeigen sich unerwartete und bewusste Herausforderungen, die beim Face-to-Face-Austausch keine oder kaum eine Rolle spielen.

Die Anforderungen an die moderne Führungskraft sind per se hoch. Hierüber ließe sich ein Extrabuch schreiben.

Zu allen Aufgaben, die die Führungskraft zu bewältigen hat, gesellen sich bei der virtuellen Führung und dem zeitgemäßen Umgang aus der Ferne mannigfaltige, zusätzliche Vorgehensweisen und Erwartungshaltungen.

Viele Führungskräfte erhielten dazu erst nach und nach Schulungen, weshalb einige ‚ins kalte Wasser' geworfen wurden oder sich autodidaktisch einarbeiteten.

Vorbereitung der virtuellen Moderation

Schon im üblichen Arbeitsgeschehen kosten Besprechungen und Meetings viel, viel Zeit. Neben der klassischen Rolle der Führungskraft als Moderatorin im realen Meeting, sind im virtuellen Meeting zusätzliche Verhaltensmuster zu berücksichtigen.

Für die Moderation ist es eine Selbstverständlichkeit, sich optimal und rechtzeitig auf das virtuelle Meeting vorzubereiten. Alles, was sachbezogen im Vorfeld erledigt werden kann, ist getan.

Die Moderation kann sich glücklich schätzen, wenn zum angesetzten Treffen mitdenkende Mitarbeiterinnen und Mitarbeiter mit eigenen Bedürfnissen, Ängsten, Wünschen und Ideen eintreffen und nicht rational denkende beziehungsweise entsprechend programmierte Roboter.

So ist es für die zeitgemäße Führungskraft immens wichtig, dass neben fachlichem Inhalt das Zwischenmenschliche und die Wertschätzung nicht zu kurz kommen dürfen.

Eigendisziplin der Moderation, des Einladenden

Eine gewisse Eigendisziplin erfordert es, dass die Moderation allen gegenüber gleich fair auftreten kann. Diese Gleichheit bezieht sich auf den fachlichen wie auch auf den zwischenmenschlichen Bereich.

Glücklicherweise ist auch die Moderation (ebenso) ein Mensch, weswegen sie unterschiedliche Sympathie oder Antipathie für den Einzelnen aufbringt.

Gerade deswegen ist die Moderation bestrebt, in Wertungen und Rückmeldungen soweit wie möglich neutral zu bleiben.

Da die Moderation selbstverständlich eigene Meinungen vertritt und Ideen einbringt, wird sie diese trotzdem nicht unreflektiert den Teilnehmenden des Meetings aufzwingen.

Statt: „Es ist so und so" lieber „Ist es nicht so und so?" Durch das Infragestellen lenkt die Moderation zwar in eine von ihr gewünschte Richtung, legt sich aber nicht etwa durch eine Aussage fest.

Das Fragezeichen soll die Teilnehmenden auffordern, Pro und Contra abzuwägen.

In dem genannten Beispiel tritt die Moderation nicht zu dominant auf.

Die Moderation nimmt kraft ihrer Rolle als Führungskraft sowieso eine gefühlt stärkere Position als alle anderen Anwesenden ein.

Sie kann beispielsweise bestimmen, von wann bis wann das Meeting angesetzt ist, welche Tagesordnungspunkte wann und in welcher Reihenfolge besprochen werden, wer wann reden darf, welche Projekte geplant werden sollen und so weiter.

Da die Moderation als Organisatorin im virtuellen Meeting Zugriff darauf hat, wer Zugang zum (virtuellen) Raum hat, sie das Mikrofon der Teilnehmer auf stumm schalten kann, zeigt sich ihre Dominanz deutlicher als im Face-to-Face-Meeting.

Deshalb wird sie sich mit ihrem Input mehr zurückhalten, als es für sie an anderer Stelle üblich wäre.

Sensibel leiten statt diktatorisch bestimmen – Wertschätzung zeigen

Die Moderation sollte nicht das geringste Interesse daran haben, wie eine Diktatorin aufzutreten oder als solche gesehen zu werden.

Im optimalen Fall hat die Führungskraft im Meeting eine Runde engagierter Menschen um sich herum, die zum Beispiel als Spezialisten in ihrem Arbeitsbereich gelten können. Diese müssten besser in ihrem Bereich sein, als die Moderation es sein kann. Wäre die Moderation in allen Abteilungen die Fitteste und wüsste alles immer am besten, wofür brauchte sie dann noch ihre Mitarbeiter und Mitarbeiterinnen?

Es bedarf einer gewissen Wertschätzung den ‚Spezialisten‘ gegenüber. Diese Wertschätzung soll nicht als Schwäche gedeutet werden.

Professionelle Neutralität

Allein die bisherigen Überlegungen genügen bereits, dass die Führungskraft ihre Rolle als ‚Chefin‘ nicht ‚raushängen lässt‘.

Durch eine gewisse professionelle Neutralität gelingt es ihr viel besser, ‚ehrliche‘, das bedeutet in diesem Fall angstfreie, Vorschläge und Redebeiträge zu erhalten und eine fruchtbare Zusammenarbeit zu erzielen.

Da die Moderation im optimalen Falle jeden gleichwertig behandelt, hält sie sich nicht nur mit persönlicher Kritik zurück (vor allen Anwesenden sowieso) und äußert Lob (nur) dann und dort, wo eine entsprechende Leistung sichtbar wird.

Konstruktive Kritik versus destruktive Streitereien

Nicht immer geht es harmonisch in Meetings zu; weder in realen, noch in virtuellen. Konstruktive Kritik ist gewünscht, destruktive Streitereien bringen nichts, geschweige denn konkrete Verbesserungsvorschläge.

So kann es sein, dass sich trotz aller wohlwollenden und fairen Vorgehensweise zwei Teilnehmende ‚in die Haare‘ geraten. Ein Wort ergibt ganz schnell das andere und plötzlich kommt es zu einer erbosten Streiterei.

In solch einem Fall greift die Moderation direkt ein. Sie unterbricht – selbst ruhig bleibend aber bestimmt – das Verhalten der beiden Streithähne. Dann bittet sie diese zu einem Austausch zu dritt nach dem Meeting. Sollte solch ein Treffen zeitlich nicht direkt nach dem Meeting umsetzbar sein, bietet die Moderation in Absprache mit den beiden einen zeitnahen Gesprächstermin (im Dreier-Telemeeting) an.

Möglicherweise verbirgt sich hinter dem Streit ein ganz anderer Grund der beiden Streithähne. Schwelt eventuell bereits ein länger anderer andauernder Konflikt zwischen den Kontrahenten?

Störende Streitereien haben im Meeting nichts verloren. Unterschiedliche Meinungen können und sollen vertreten werden; das ist richtig, kann ergiebig sein und zu neuen Ansichten führen.

Rhetorisch nachvollziehbare Argumentationen sollen die eigenen Auffassungen unterstützen, sodass die Pro- und Contra-Argumente von verschiedenen Seiten beleuchtet werden können. Auf diesem Weg kann eine Lösung, gegebenenfalls als Kompromiss formuliert, gefunden werden.

Ausgewogenheit – der Dauerredner und der Ja-Sager

Es könnte blauäugig sein, entspräche aber dem Idealbild, könnten alle Anwesenden gleich viele und gleichwertige Beiträge einbringen. Die tägliche Praxis in Meetings zeigt ein anderes Bild.

Fast immer findet sich ein wortstarker Teilnehmer, der bei jedem Zusammenkommen viel und manchmal sogar sehr viel zu sagen hat.

Zum Leid der anderen neigt er dazu, zu <u>allem</u> einen Kommentar abgeben zu müssen; und das manchmal in aller Ausführlichkeit.

Zu jedem angesprochenen Punkt fühlt er sich aufgerufen, seine eigene Ansicht zu erläutern. Bedauerlicherweise manchmal mit langatmigen Wiederholungen, was zur Ermüdung oder gar zum Frust der anderen Teilnehmer führen kann und außerdem droht, den zeitlichen Rahmen zu sprengen.

Weder entscheiden ständige Wiederholungen noch langatmige Ausführungen oder gar Lautstärke eines Beitrags über die Wahrheit oder Wichtigkeit.

Introvertierte gezielt einbinden

Der Dauerredner auf der einen Seite, der Ja-Sager auf der anderen. Je nach Anzahl der Teilnehmenden gibt es gleich mehrere davon. Der Ja-Sager hinterlässt einen freundlichen, manchmal sympathischen und ‚harmlosen' Eindruck. Er stimmt dem Moderator gerne zu und unterstreicht dies durch eifriges, bestätigendes Kopfnicken. Neue Gedanken oder Ideen bringt er bedauerlicherweise selten ins Gespräch.

Weshalb sollte nicht auch der Ja-Sager eine eigene Meinung haben? Vielleicht hat er sogar eine sehr fantastische Idee, die vorteilhaft für das umzusetzende Projekt sein könnte. Von sich aus wird er diesen Gedanken nicht äußern.

Aus diesem Grund wendet sich die Moderation hin und wieder gezielt an einen Teilnehmer aus der Kategorie der Ja-Sager und bittet ihn um seine Meinung zum Thema.

Führte die Moderation eine Strichliste der Redebeiträge aller, sollten diese Redebeiträge ausgewogen sein.

So bleibt der aufmerksamen Moderation gar nichts anderes übrig, als den Dauerredner freundlich zu stoppen und den ruhigen Teilnehmer gezielt einzubinden und zur Kommunikation aufzufordern.

Es zeigt sich ideal für die Moderation, wenn die Mitarbeiterinnen und Mitarbeiter mitdenken und eigene Überlegungen einbringen.

Manchmal entsteht dadurch eine gute, interessante Diskussion, in deren Verlauf die Teilnehmer vom Hölzchen aufs Stöckchen kommen.

Die Moderation achtet trotz aller möglichen Begeisterung der Teilnehmenden darauf, dass der Austausch nicht zu weit vom Tagesordnungspunkt abweicht.

Sollte sich das andeuten, greift sie vorsichtig ein und lenkt behutsam auf den zielführenden Weg zurück.

Nachbereitung

Immer mal wieder vergessen oder als nicht notwendig empfunden: die Nachbereitung des Meetings.

Nicht nur bei wichtigen Gesprächen (wobei überlegt werden müsste, welches Gespräch unwichtig ist), sondern auch bei harmonisch verlaufenden Meetings ist die Nachbereitung notwendig.

Zum Beispiel, um die Zielsetzung überprüfen zu können sowie getroffene Absprachen nachzuvollziehen. Ein zeitnah angefertigtes Protokoll kann hierbei helfen.

Das Protokoll dient der Moderation zur eigenen Erinnerung, zur Dokumentation der im Meeting getroffenen Entscheidungen (eventuell auch für die Personalakte), oder es wird (auch) den Eingeladenen zur Verfügung gestellt.

So kann die Moderation in der Nachbereitung nachprüfen, ob vereinbarte Daten eingehalten werden. Diese gelten für sie sowie auch für den Eingeladenen.

Bemerkt die Moderation, dass vereinbarte Termine oder Ziele nicht eingehalten werden, greift sie ein. Sie kann der beauftragten Person Hilfe und Unterstützung anbieten.

Wenn nötig oder gewünscht, vereinbart sie einen Termin für ein klärendes Gespräch.

Das und die erfolgreiche ‚Runde'

Selbstverständlich gelten klassische Grundregeln wie die Begrüßung der Teilnehmenden, die Verabschiedung, das Bedanken für die Teilnahme und andere gleichermaßen im virtuellen Raum; oder vielleicht sind sie dort sogar noch wichtiger als im Face-to-Face-Treffen.

Der geplante Zeitrahmen wird möglichst genau eingehalten, um allen Teilnehmenden eine gute Tagesplanung ihrer sonstigen Aufgaben zu ermöglichen.

Auf alles, was nicht ins Meeting gehört, wie beispielsweise Konflikte zwischen zwei Teilnehmenden oder ‚persönliche Probleme' Einzelner, muss die fürsorgliche Führungskraft sensibel und zeitnah reagieren, zum Beispiel, indem sie ein individuelles Gespräch anbietet.

Anforderungen an die virtuelle Führungskraft

„Worum soll ich mich denn alles kümmern? Das wird mit langsam viel zu viel!" Ist die Führungskraft überfordert?

Manchmal mag sich eine Führungskraft, speziell im virtuellen Raum, durch eine Unzahl von zu berücksichtigenden Aufgaben überfordert fühlen. Dann heißt es, einen ‚kühlen Kopf' zu bewahren, die Arbeiten zu priorisieren und dann loszulegen.

Vor allem benötigt die Führungskraft eine starke Bereitschaft zur Kommunikation. Sie nimmt sich vor: „Ich will kommunizieren!" Dazu gehört eine wohlüberlegte, gezielte und treffende Wortwahl, um möglichst wenige Missverständnisse entstehen zu lassen.

Das wiederum bedarf eines genauen Zuhörens und gezielten Nachfragens, um ständig ein besseres Verständnis aufzubauen und gleichzeitig das Interesse für die Belangen der Teilnehmenden im Meeting zu signalisieren.

Passive, freundlich gemeinte Zurückhaltung, passt im Fall der Kommunikation nicht immer. Immerhin macht die verbale Kommunikation laut dem US-amerikanischen Psychologen Albert Mehrabian (*1939) 55 % der zwischenmenschlichen Kommunikation aus.

Eingeschränkte Körpersprache

Ein Großteil der Körpersprache ist auf dem Monitor nicht erkennbar. Einerseits deswegen, weil häufig auf dem Display gerade mal ein Teil des Oberkörpers des Sitzenden zu sehen ist und im anderen Fall gegebenenfalls sogar die Kamera gänzlich abgestellt wurde. Deshalb gilt deutlich in die Kamera schauen, den Einsatz von Mimik – und soweit sichtbar, auch von Gestik erkennen lassen.

Das soll dem anderen Teilnehmenden helfen, die gesprochenen Worte verstärkt und eindrucksvoller über die wahrgenommenen körpersprachlichen Signale zu verstehen und die erhaltenen Informationen besser deuten zu können.

Charisma und Ausstrahlung

Aufgrund der gegebenen technischen einschränkenden Voraussetzungen gehören Charisma und Ausstrahlung mehr in den Vordergrund, soweit das möglich ist. Das soll dazu beitragen, Vertrauen aufzubauen. Vertrauen ist bekannterweise wichtig für die erfolgreiche Zusammenarbeit.

Natürlich gilt immer, dass Vertrauliches vertraulich bleibt. Über Personen, die nicht anwesend sind, wird nicht hergezogen. Es läge sonst nahe zu denken, dass auch über nicht Anwesende gelästert würde.

Zum besseren Verständnis und Aufbau von Vertrauen können Signale (zum Beispiel nicken und lächeln) zur gewünschten, tiefergehenden virtuellen Kontaktpflege gesendet werden.

Der gemeinte Teilnehmer kann dadurch ein positives Gefühl erhalten, dass er neben seiner virtuellen Präsenz auch im ‚realen‘ Leben als Kollege oder Kollegin wertgeschätzt wird.

Der zwischenmenschliche Umgang im virtuellen Austausch zeigt manchmal die technischen Grenzen der gleichzeitig geäußerten Redebeiträge. Viel sorgfältiger muss dafür gesorgt werden, dass nicht gleichzeitig geredet wird, da andere kaum mehr folgen können.

Klassische Gesprächsregeln wie ausgewogener Redeanteil, Vermeiden von Killerphrasen, Anstreben von Zielen und entsprechendes diszipliniertes kommunikatives Verhalten helfen, ein Meeting erfolgreich zu durchlaufen.

Abstimmungen und Mehrheiten bilden

Soll es Abstimmungen geben, könnte vor einer finalen Entscheidung die Moderation fragen: „Wer ist dafür, dass …". Die zustimmenden Teilnehmer heben die Hand. Für alle Gesprächspartner wird sichtbar, ob es beim Vorschlag eine Mehrheit geben kann.

Zur Einschätzung könnte folgende Rückmeldung erbeten werden: „Wie beurteilen Sie folgende Idee?" Der Teilnehmer streckt einen Daumen in die Höhe – der steht für ‚super, alles o. k.'. Oder der Teilnehmer zeigt 5 Finger, was für eine kritische Einstellung steht.

Entsprechende Abstufungen können mit dem Ausstrecken von 2, 3 oder 4 Fingern deutlich gemacht werden.

Aufmerksamkeitsverlust vorbeugen

Die virtuelle Arbeit mit der noch so guten Technik oder ausgefeilten Programmen kann auf Dauer außerordentlich anstrengend sein. Profis legen deshalb nach einigen Themenblöcken eine kurze Pause ein.

Um Energie zu gewinnen, am besten die Kamera ausstellen, das Mikrofon auf stumm stellen, aufstehen, ein paar Schritte gehen – und dann weiter ‚kontakten'.

Die Unterbrechung sollte tatsächlich genutzt werden, auch von der Führungskraft. Auch sie braucht Energie. Demnach nicht schnell zwischendurch ein paar Mails beantworten …

Die vorherrschende Meinung im Augenblick ist, dass durch die virtuelle Führungskraft noch deutlicher der Wunsch und die Notwendigkeit besteht, mehr als üblich mit dem Mitarbeiter, der Mitarbeiterin im Austausch zu bleiben.

Der un-sichtbare Gast

„Ich glaube nur an das, was ich sehe!" Nun, glücklicherweise ist der Gesprächspartner auf dem Monitor zu sehen; so lässt sich an ihn glauben.

Nur, weil nun aus der Ferne miteinander kommuniziert wird, bedeutet das nicht, klassische Umgangsformen und gegenseitige Höflichkeit außen vor zu lassen.

Überlegt vorgehende Teilnehmer und Teilnehmerinnen ,setzen sich ins rechte Bild'. Lustig, dass gerade solch eine Redewendung bei Telekonferenzen an Bedeutung gewinnt.

Der Teilnehmer, die Teilnehmerin – wie die Moderation natürlich auch – richtet die Kamera so aus, dass sie zentriert aufgenommen wird. Sie achtet darauf, dass der Kopf weder oben noch unten am Bildschirmrand abgeschnitten ist.

Manch einer mag einwerfen: „Das ist doch normal, das weiß jeder!" Das kann sein – trotzdem beachtet es nicht jeder. Es kann einen Lacher erzeugen, wirft aber doch Peinlichkeiten auf, ist der Teilnehmer im Bild plötzlich um 90° gedreht – oder steht gar auf dem Kopf, sind nur die Mundpartie und das Kinn zu sehen.

Hintergrund und Aufenthaltsort verwischen

Einige Programme bieten an, den Hintergrund zu ,verwischen' beziehungsweise ,weichzuzeichnen', sodass Details im Raum, sowie räumliche Gegebenheiten nicht mehr zu erkennen sind.

Andere Programme können so eingestellt werden, dass der Hintergrund Regale, Türen, Bilder verschwinden lässt, um einen ,sauberen' Hintergrund abzubilden.

Profis setzen künstlich erzeugte Hintergrundfolien ein, zum Beispiel einfarbig gestaltet, mit einem Panoramabild oder mit dem Unternehmenslogo verziert.

Solche raffinierten Aktionen verbrauchen allerdings zusätzlich viel Rechenleistung.

Manch einer übertreibt es allerdings bei der Auswahl seines gewählten Hintergrundes: Darstellungen von Spielewelten – Mittelalter und Fiktion – psychedelisch farbige Flächen, Dschungellandschaften und ähnliche verwehren den Gesprächspartner unter Umständen.

Klar, solch ein Hintergrundbild kann gegebenenfalls einen guten Einstieg in den Smalltalk öffnen. Andererseits mögen manche Gesprächspartner den Hintergrund als unprofessionell bewerten. Diese gefühlte Unprofessionalität würde eventuell auf die fachlichen Kenntnisse übertragen werden. Ob dieser Effekt gewünscht ist?

Schwache Übertragungsleistung

Beim Einsatz eines Hintergrundbildes und gleichzeitig schwacher Übertragungsleistung kann es zum Ruckeln des Bildes kommen, zu Störung beim Gesprochenen (manche Wörter oder Sätze werden nicht übertragen) oder ganz zum Zusammenbrechen der Übertragung führen.

In anderen Fällen ‚zittert‘ oder verwischt die Übertragung zwischen Kopf und Hintergrund. Bei der Bewegung des Kopfes oder des Oberkörpers kommt es dann zu ungewollten Übertragungs-Irritationen.

Manchmal öffnet sich kurzfristig seitlich des Halses oder des Kopfes ein ‚Fenster‘, das den realen Hintergrund des Raums zeigt. Aber gerade das war nicht gewollt.

Zwei Teilnehmer sitzen nebeneinander vor einer Kamera. Einer lehnt sich leicht zurück – Schwups ist er im Hintergrundbild verschwunden, ‚verwischt‘.

Hin und wieder entsteht eine Art Schatten hinter dem Übertragenen, der sich bei Körperbewegungen mitbewegt.

Besonders störend wirkt diese Darstellung dann, wenn sich der Übertragene ständig unruhig hin und her bewegt.

Selten wird das Bild fast schwarz, sodass Person und Hintergrund kaum mehr zu unterscheiden sind.

Zu lustigen Kommentaren kann es kommen, haben 2 Teilnehmende <u>zufällig</u> dasselbe Hintergrundbild gewählt.

Der Einsatz der Hintergrundbilder hat viele Vorteile, ist doch das sonst sichtbare Drumherum nicht zu sehen.

Vor-Täuschung eines anderen Aufenthaltsortes?

Allerdings kann folgende Täuschung, mancher Vorgesetzte würde es als Missbrauch bezeichnen, entstehen: Der Teilnehmende simuliert seine Teilnahme im Büro sitzend.

Tatsächlich ist er im Nahverkehr oder PKW unterwegs. Vielleicht hat er auch gerade auf dem ‚stillen Örtchen' Platz genommen, das Laptop vor sich haltend.

Das gibt es nicht? Oh doch. Diese und noch kuriosere Orte können sich hinter dem seriösen Hintergrundbild verstecken. Hoffentlich bleibt dieses während der Übertragung stabil.

Sich ins rechte Bild setzen

Zurück zum ‚sich ins rechte Bild setzen'. Die teilnehmende Person nimmt eine aufrechte Sitzhaltung ein – so wie sie es in einem klassischen Meeting auch täte.

Der körpersprachliche Ausdruck ist gerade bei einem ausgeschnittenen Bild – das ‚Ganze' des Umfeldes ist nicht zu sehen – umso wichtiger.

Ein Profi legt auch bei Telemeetings Wert auf ein dem jeweiligen Anlass entsprechendes Outfit. Jogginganzug, Freizeitkleidung oder ‚Schlabberlook' sind keine adäquate Kleidung in beruflichen Branchen.

Die von Manchen gefühlte relative Freiheit eines Telemeetings ist in Ordnung. Trotzdem handelt es sich um eine berufliche Aktion, weshalb Vergleichbares wie bei einem physischen Meeting vor Ort angebracht ist.

Bei ganz professioneller Übertragung, zum Beispiel ins TV-Studio oder auf eine Großleinwand sollten die verantwortlichen Fachleute der Technik dafür sorgen, dass Ton und Bild einwandfrei übertragen werden können.

Die Person ist gut ausgeleuchtet und ins Gesamtbild platziert. Mikrofon, Ohrstöpsel und ähnliche Hilfsmittel sind richtig angebracht und korrekt ausgepegelt.

Ein letzter, lächelnder Blick in den Spiegel – und schon kann es mit der Übertragung losgehen.

Vorbereitung auf das virtuelle Treffen

Wie bereitet sich der eingeladene Gast vor?

Um Ablenkung zu vermeiden oder aus Gründen der Sicherheit schaltet er sein Smartphone aus oder stellt es auf Vibration. Besser noch: Smartphone (sofern es während des Meetings nicht einsatzbereit sein soll) in solch einem Abstand legen, dass es nicht ohne Aufstehen zu erreichen ist.

Der Gast loggt sich wenige Minuten vor dem festgesetzten Beginn des Meetings ein. So gibt er der Moderation die Möglichkeit, die Anwesenden zu registrieren oder einen kurzen Smalltalk zu führen.

Alternativ wird er vom Gastgeber zur vereinbarten Zeit direkt eingeladen.

Die benötigte Technik ist eingerichtet und der Gast hat alle Informationen und nötigen Unterlagen griffbereit gelegt.

Sollte der Gast bis zum Meeting etwas veranlassen oder besorgen, hat er das erledigt. Die Ergebnisse hat er vorliegen. Er hält Zielsetzungen ein, sodass zügig gearbeitet werden kann.

Jeder hört dem anderen aufmerksam zu.

Treten Fragen auf oder entsteht eine Unklarheit, wird direkt nachgefragt. Zum Beispiel per Nachrichten-Chat oder ‚Heben der Hand‘.

Die Anwesenden tragen dazu bei, dass jeder Teilnehmende ungefähr gleich viele Redebeiträge einbringen kann.

Jeder lässt jeden aussprechen und vermeidet (ab-)wertende Kommentare. Jeder Beitrag, erscheint er auch noch so unrealistisch, wird ernst genommen. Ein kleiner Witz zwischendurch kann die Situation lockerer gestalten, Albernheiten gehören allerdings nicht in ein geschäftliches Treffen.

Sollte eine Meinung geäußert werden, die der eigenen Sicht widerspricht, wird die Meinung erst einmal akzeptiert.

Durch gegenseitige Wertschätzung und zeitgemäße Umgangsformen tragen die Anwesenden dazu bei, eine positive und angenehme Atmosphäre zu erzeugen.

Gegenseitige Begrüßung, Verabschiedung und das Anreden mit Namen gehören dazu.

Kurioses bei der virtuellen Arbeit

Der Autor dieses Buchs hat bei seinen teilnehmenden Studierenden folgende – natürlich nicht repräsentative – Situationen erlebt:

- Ein Eingeladener, der gebeten wurde seine Kamera einzuschalten, steuerte gerade sein Fahrzeug.

  Hier wird die eigene Sicherheit hoch gefährdet – abgesehen davon ist dieses Verhalten gesetzlich verboten.

- Eine Eingeladene hatte es sich im Fond eines fahrenden Fahrzeuges bequem gemacht und nahm von hier am Online-Unterricht teil.

  Interessant: Sie hatte eine kurze Präsentation zu halten. Inwieweit wegen der mitfahrenden Personen hierbei der Datenschutz gewährleistet war?

- Ein Gesprächsteilnehmer saß (korrekterweise mit Mundschutz) in der Bahn.

  Nach kurzer Zeit war sein Akku leer – Gespräch beendet.

- Ein Teilnehmender brachte seinen Redebeitrag rauchend vor seinem Haus stehend ein.

  Die dadurch bedingten Bewegungen des Körpers und das in der Hand gehaltenen Smartphones verstärkten das unruhige Bild.

- Eine Eingeladene, die ebenfalls gebeten wurde die Kamera einzuschalten, lugte mit ihrem Kopf unter der Bettdecke heraus.

  Ob sie dort den Zugriff zu benötigten Unterlagen hat? Ob Sie sich vorbereitet hat?

- Ein Hund fiepte ständig unter den Tisch.

  Der Teilnehmer versuchte während seiner Redebeiträge, den Hund zu beruhigen. Natürlich schien er abgelenkt von seinem Gesprochenen zu sein.

- Die Schwester einer Eingeladenen lag krank auf dem Sofa im Hintergrund und musste von der Eingeladenen zwischendurch betreut werden.

  Die Fürsorglichkeit mag lohnenswert sein. Wo bleibt die ‚ungeteilte‘ Aufmerksamkeit?

- Die Partnerin lief im Hintergrund mehrfach durchs Bild.

  Möglicherweise war ihr gar nicht bewusst, dass sie aufgezeichnet wurde.

- Ein Teilnehmer war dabei, eine Erklärung abzugeben, als ein Mitbewohner offensichtlich in der Küche (im selben Raum) hantierte.

  Die Geräuschkulisse störte den Teilnehmer, der daraufhin die andere Person bat, mit der Arbeit zu warten. Die zeigte allerdings kein Interesse an einer Unterbrechung ihrer Arbeit.

  Folge: Es brach eine böse Streiterei mit gegenseitigen Schuldzuweisungen aus. Interessante Abwechslung für alle anderen im Telemeeting?

- Ein Teilnehmer hatte keine Scheu, für alle sichtbar vor eingeschalteter Kamera ausgiebig sein Frühstück einzunehmen.

  Glücklicherweise war zumindest das Mikrophon ausgeschaltet.

- Eine Person, die aufmerksam zuhörte, allerdings noch per Kamera zugeschaltet war, schaukelte ständig hin und her, bewegte den Kopf nach rechts und links, suchte intensiv nach Unterlagen.

  Manchmal bewegte sich der Kopf verdächtig nahe an die Kamera, dann verschwand er aus dem Blickfeld.

- Bei einem Teilnehmer piepste ständig das Smartphone.

  Er versuchte, das Piepsen zu ignorieren, wobei trotzdem eine deutliche Ablenkung wahrnehmbar war.

- Eine Teilnehmerin gähnte ausgiebig mit weit aufgerissenem Mund. Dummerweise war gerade dieses ausdrucksstarke Bild für eine Weile auf dem Monitor aller ‚festgefroren'.

  Wäre nicht verwunderlich, tauchte dieses Bild nicht in den sozialen Medien auf.

- Nachdem der künstlich eingesetzte Hintergrund – technisch bedingt – plötzlich verschwand, zeigte sich, dass die Person nicht im Büro saß, sondern in ihrem Fahrzeug auf dem Weg zu einer (privaten) Veranstaltung unterwegs war.

  Greift nun der Versicherungsschutz? Ist das Verhalten als Arbeitszeit zu bezeichnen?

- „Habe mich von meinem Zweit-Arbeitsplatz zugeschaltet." Welcher Arbeitsplatz und welche Arbeitszeit gilt jetzt?

Bestimmt gibt es Gründe für dieses beobachtete Verhalten. Mit beruflicher Professionalität hat solch ein Verhalten kaum etwas zu tun.

Wie sähe es wohl aus, nähme eine teilnehmende Person an einem ‚echten' Meeting im Schlafanzug und mit Bettdecke teil?

Verhalten in der Passivphase

In der Passivphase (solange jemand nicht spricht, sondern nur zuhört), solange die Kameraaufzeichnung läuft, am besten auf Getränke- oder Nahrungsaufnahme verzichten.

Auch nicht etwa in privaten Angelegenheiten (sichtbar) oder auf dem eigenen Smartphone herumtippen und vor allem die Körperbewegungen einschränken.

Obwohl beim Sprechenden die Körpersprache, besonders Gestik und Mimik, deutlich sichtbar sein sollen, stört ein unnötiges und nervös wirkendes Herumzappeln, ein Vor- und Hinterwippen oder ein ständiges Hin- und Herdrehen auf dem Drehstuhl ablenken und damit störend.

Ständiges Fassen in die Haare, spielen mit den Haaren, dauernde Berührung des Gesichts und so weiter sind auch in realen Zusammenkünften unangebracht. In der Kameraaufnahme wirken sie störend und unprofessionell.

4 – Homeoffice

Arbeiten von Zuhause aus

New Work – Flexible Arbeitszeitmodelle

„Mach's gut, mein Schatz!" Eben noch ein Küsschen ausge-
tauscht und ab geht es – ins Büro. So wie jeden Wochentag, so
wie seit Jahren. Immer zur selben Zeit raus und nach der Arbeitszeit wieder zurück nach Hause.

Das ist das Bild des klassischen Bürolebens, das natürlich schon
lange nicht mehr auf alle im Büro Arbeitenden zutrifft. Auf einen
großen Teil der an einem Bildschirm Arbeitenden aber doch.

Um beim mit Vorurteilen behafteten Bild zu bleiben: Die Mitar-
beiterin/der Mitarbeiter betritt das Büro, schaltet den Rechner
an, stellt die Thermoskanne raus und startet mit der Arbeit.

Klassische Büros

Die Arbeit kann erfolgen im (wobei bei den Aufzählungen in der
Praxis Überschneidungen vorkommen können):

Einzelbüro oder Zel- lenbüro:	Dort arbeitet eine Person am eigenen Schreibtisch.
Zweipersonenbüro:	So wie beim Einzelbüro, nur, dass sich 2 Personen das Büro teilen. Jeder hat seinen eigenen Arbeitsplatz.
Mehrpersonenbüro:	3 bis 5 Personen teilen sich ein Büro. Jeder hat seinen eigenen Arbeitsplatz.
Gruppenbüro oder Teambüro, auch re- versibles Büro:	Hier arbeiten etwa 6 bis 20/25 Perso- nen. Durch verschiebbare Trennwände oder Raumgliederungselemente wird das Gruppenbüro in überschaubare Raum- einheiten gegliedert.

Großraumbüro:	Mehr als 20/25 Personen. Jeder hat seinen eigenen Arbeitsplatz der vom Nachbarn durch einen Sichtschutz getrennt ist. Die Arbeitenden sitzen beispielsweise in Reihen hintereinander.
Open Space Office:	Ähnelt dem Großraumbüro, allerdings ohne feste Wände. Es besteht eine geringe Abschirmung zueinander. Die Arbeitsplätze sind als einzelne Arbeitskojen (siehe unten), als Arbeitsecke, als größere Arbeitsfläche gestaltet. Jeder sucht sich den Arbeitsplatz, den er möchte.
Kombibüro:	Ist eine Kombination zwischen Großraumbüro und Einzelbüro oder Zweipersonenbüro. Die kleinen Büroeinheiten sind durch Glaswände und Glastüren voneinander getrennt und werden manchmal auch als Arbeitskojen bezeichnet. Dazu gibt es einen Multifunktionalraum, einen oder mehrere Besprechungsräume, Gemeinschaftsräume und eine Teeküche.
Non-Territorial-Büro oder Desk Sharing oder Shared Place:	Es gibt keine individuellen Arbeitsplätze. Jeder arbeitet dort, wo's ihm gefällt. Jeder Schreibtisch ist für jeden zugänglich. Auch die Monitore werden geteilt.

Ergänzend sei erwähnt:

Co-Working Office (Coworking Office):	Es gibt mehrere Büroräume, die von unterschiedlichen Unternehmen (zum Beispiel Start-Ups) genutzt werden.
	Die Räume sind möbliert, ein leistungsstarkes Internet steht zur Verfügung. Das Büro wird zeitlich befristet gebucht.
	Der Austausch der einzelnen Unternehmen untereinander ist gewünscht.

Eine aktuelle Variante:

Satellitenbüro:	Das ist eine Art Zweigstelle. Das Büro steht Mitarbeitern zur Verfügung, die üblicherweise im Homeoffice arbeiten.
	Wenn sie möchten, können sie dort hin und wieder zur Arbeit erscheinen.

Arbeiten 4.0

Durch den Gedanken, einen Teil der Arbeitszeit im häuslichen Büro zu verbringen, gibt es neue Überlegungen. Das hat unter anderem auch mit folgenden Gedanken zu tun:

Die absolute Präsenz-Bindung ins und ans Büro mit Zeiterfassung gehört in vielen modernen Unternehmen der Vergangenheit an.

Morgens von 8:00 Uhr bis nachmittags 17:00 Uhr ist überholt. Die nachwachsende Generation der Y-er lebt (und arbeitet) rund um die Uhr. Die etwa ab dem Jahr 2000 Geborenen, die Generation Z, sieht die feste Arbeitszeit mit dadurch verbundener Anwesenheitspflicht im Büro sowieso nicht mehr.

Neue Modelle, die ‚New Work' oder ‚Arbeiten 4.0' genannt werden, bieten einige Optionen:

Gleitzeit:	Kernarbeitszeit und frei wählbare Gleitzeitspanne). Die Kernarbeitszeit ist festgelegt, beispielsweise besteht von 10:00 bis 14:00 Uhr Anwesenheitspflicht, der Rest der Arbeitszeit kann davor, danach oder aufgeteilt gewählt werden. Zum Beispiel von 7:00 Uhr bis 16:00 Uhr oder von 10:00 Uhr bis 18:00 Uhr und so fort.
Funktionszeit:	Ähnlich der Gleitzeit, wobei aber keine Kernarbeitszeit festgelegt wird. Die Mitarbeiter müssen garantieren, dass in ihrem Arbeitsbereich immer alles einwandfrei ‚funktioniert'. Der Mitarbeiter entscheidet selbst, wann er im Büro arbeiten möchte.
Wahlarbeitszeit:	Der Arbeitgeber ermittelt, zum Beispiel aufgrund von saisonal abhängiger Nachfrage oder unterschiedlichem Wochentag sogenannte Zeitblöcke und legt fest, wie viele Mitarbeiter eingesetzt sein sollen. Die Mitarbeiter untereinander entscheiden selbst, wer wann arbeitet.
Sabbaticals:	Eine mehrmonatige Auszeit vom Job. Manch einer, der ein komplettes Jahr aussetzt, fürchtet, trotz Zusage nicht mehr denselben Arbeitsplatz zu erhalten, da dort inzwischen ein anderer Beschäftigter Wurzeln geschlagen hat. Auch äußert manchmal jemand die Befürchtung, den ‚Anschluss verpasst zu haben', kehrte er nach einem Jahr zurück.

	In einem Jahr kann viel geschehen – Projekte entwickeln sich weiter, die Digitalisierung schreitet voran.
Jobsharing:	Hier teilen sich zwei oder mehr Ange-stellte einen gemeinsamen Arbeits-platz.
Teilzeit :	Es wird an verschiedenen Tagen und zu unterschiedlichen Uhrzeiten gear-beitet.

Durch diese Auflistung wird gezeigt, dass es eine Menge Mög-lichkeiten gibt, Mitarbeiter je nach Bedarf des Unternehmens und nach Vorliebe der Beschäftigten einzusetzen.

Das heimische Büro – Homeoffice, Teleoffice

In verstärktem Umfang bieten Unternehmen ihren Beschäftigten oder zumindest einigen von ihnen an, hin und wieder von zu Hause aus ihre Arbeit zu erledigen. Homeoffice (auch Tele-Heimarbeit) steht hier umgangssprachlich für die Büroarbeit von zu Hause aus.

Zum einen hat das mit den Konsequenzen der Corona Pandemie zu tun. Gleichzeitig wird damit auf die Bedürfnisse der Genera-tion Y und Z eingegangen, die eine andere Art der Zusammen-arbeit bevorzugen als ihre Vorgänger und schließlich wird etwas für den Umweltschutz getan.

Als 2020 die nicht vorhersehbare Corona-Ausnahmesituation über Deutschland (und natürlich auch über andere Länder dieser Welt) hereinbrach, waren nur die wenigsten Unternehmen tech-nisch darauf vorbereitet, dort wo es die Arbeitsabläufe zuließen, Beschäftigte von zu Hause aus ihre Arbeiten umsetzen zu las-sen.

Immer wieder verordnete Ausgangssperren oder einge-schränkte Möglichkeiten an den Arbeitsplatz zu gelangen, sowie das Vermindern von persönlichen/sozialen Kontakten, erzwan-gen regelrecht in einigen Berufen die Tätigkeit von zu Hause aus.

Im Vorteil waren und sind diejenigen, die klassischerweise an oder mit einem Computer/Laptop/Tablet/Smartphone arbeiten, denn sie hatten und haben in der Regel einen besseren Zugriff zur Arbeit außerhalb des ‚eigentlichen' Arbeitsplatzes.

Herausforderungen und Nachteile bei der Homeoffice-Arbeit

Natürlich gibt es Vor- und Nachteile, die für beziehungsweise gegen die Arbeit in einem Büro zu Hause sprechen.

Neben vielen Vorteilen des Arbeitens im Homeoffice wurden schnell auch Nachteile erkannt. So haben Befragungen gezeigt, dass tatsächlich ein beachtlicher Teil der im Homeoffice Arbeitenden zugibt, teilweise ineffizient zu arbeiten.

Einige Untersuchungen zeigen eine sinkende Produktion – andere sagen genau das Gegenteil aus.

Bei schwächeren Ergebnissen kristallisierten sich folgende Hauptgründe heraus: umständliche Arbeitsabläufe, überholte oder veraltete Technik, schwieriger Zugriff auf firmeninterne Unterlagen, sowie unübersichtliche oder nicht nachvollziehbare interne Schnittstellen, fehlendes, schnelles Internet.

Der zweite Grund liegt in der deutlichen (und nicht unbedingt gewollten) Ablenkung, die im häuslichen Umfeld erfolgt. Hierzu zählen beispielsweise die verlockende private Benutzung des Smartphones, das gegebenenfalls beruflich eingesetzt werden soll.

Der halbsüchtige Zugriff auf die sozialen Netzwerke, die ständig Benachrichtigungen senden. Wie ergeht es dem neugierigen Nutzer? Alle paar Minuten immer mal schauen, wer eine (möglicherweise wichtige) Nachricht hinterlassen hat – und was es gerade sonst Neues oder Interessantes zu erfahren gibt.

Ablenkungen sind nachvollziehbar, weswegen es einer gewissen Selbstdisziplin und Eigenverantwortung aller Beteiligten bedarf, um vernünftig und produktiv im Homeoffice arbeiten zu können.

Leider muss ein ‚böser' Punkt ergänzt werden: Die häusliche Gewalt nimmt zu.

Informelle Kanäle veröden?

Nach einigen Wochen Homeoffice-Arbeit erkennen viele Betroffene, dass ihnen die zwischenmenschliche Kommunikation, die dadurch entstehende Dynamik, der ‚eben mal zwischendurch geführte' Austausch in der Kaffeepause tatsächlich fehlt (und wird vermisst).

Die zufällige Begegnung mit Kolleginnen und Kollegen fehlt auch jetzt noch. Dasselbe gilt für den Weg zur Arbeit und zurück sowie für die gemeinsame Mittagspause. Damit entfällt der informelle, unkomplizierte Austausch zwischen ‚Tür und Angel'.

Individuelle Absprachen auf dem ‚kleinen Dienstweg' können kaum getroffen werden.

Auch wird weitestgehend die Möglichkeit des Verbündens mit anderen eingeschränkt.

Gerüchte nehmen einen schwierigeren Weg, was allerdings auch als Vorteil betrachtet werden kann.

Durch die eingeschränkte Zahl der Präsenztage kann das Netzwerk weniger optimal ausgebaut werden.

Der Einzelne wird seltener gesehen und damit weniger wahrgenommen. Betroffene fürchten deswegen Karrierenachteile.

Bekanntlich werden bei der Arbeit auch Freundschaften geschlossen oder sogar Liebschaften, die in ein partnerschaftliches Verhältnis übergehen können.

Wer zu Hause in seinem Büro sitzt, wird den ‚netten Kollegen', die ‚nette' Kollegin seltener treffen. Schade drum.

Austausch mit Vorgesetzten

Betroffene bemängeln teilweise den als schwierig empfundenen Austausch mit Vorgesetzten. Es dauert ihnen manchmal zu lange, bis Rückmeldungen auf Fragen erfolgen.

So kritisierte eine Werkstudentin, dass sie sage und schreibe 24 Stunden auf eine Antwort warten musste. In dieser Wartezeit konnte sie an ihrem Projekt nicht weiterarbeiten, da ihr das notwendige Wissen zur Umsetzung fehlte.

Beim Homeoffice-Arbeiten in Schulen und Universitäten beklagten Schüler und Studierende die reduzierte Möglichkeit, in Lerngruppen zu arbeiten. Die Einrichtungen der Institutionen, wie beispielsweise die Bibliothek konnten nicht genutzt werden.

Manche dieser Kriterien bestehen heute auch noch.

Vorteile bei der Homeoffice-Arbeit

Für viele Beschäftigte klingt die Arbeit zu Hause zuerst einmal als verlockend. Ein Hauptgrund ist der Vorteil, dass die Arbeit – zumindest nach Absprache mit dem Arbeitgeber – zeitlich flexibel eingeteilt werden kann.

Pausen oder Unterbrechungen sind möglich, wann immer gewünscht oder erforderlich.

Der Vorteil für denjenigen, der zu Hause arbeitet und keine festen Bürozeiten einhalten muss: Er kann, je nach Wunsch oder familiärer Gegebenheit, schon früh morgens oder spät abends arbeiten, so wie es ihm am besten passt und wie oder wann er ungestört Bestleistung erzielen kann.

Personen, die in Teilzeit arbeiten oder nach der Elternzeit wieder ins Arbeitsleben eintreten, haben eine viel flexiblere Möglichkeit die Arbeitsstunden so zu legen, wie es sich in ihren familiären Arbeitsablauf einfügt.

Wer Kinder hat, erfreut sich jetzt eines häufigeren Kontaktes. Die Partner übernehmen wechselnd die Betreuung ihres Nachwuchses. Die generelle Motivation steigt.

Vielleicht wechseln beide sich in der Hausarbeit ab. Es ist geschickt, Zeiten rechtzeitig abzusprechen, um keinen Unmut entstehen zu lassen.

Auch diejenigen, die in Vollzeit aktiv sind, freuen sich über eine gewisse zeitliche Flexibilität. Müssen sie doch einmal einem Handwerker Zugang in der Wohnung oder im Haus verschaffen oder es steht ein Besuch beim Arzt an. Zwischendrin mal etwas Sport treiben?

Einige vermissen das Essen in der Kantine, andere erleben eine ‚wiederentdeckte' Art der Ernährung zu Hause.

Von fast allen Befragten ist zu hören, dass sie froh sind, sich morgens auf dem Weg zur Arbeit nicht in verspätet eingetroffene und vollgestopfte Waggons der Straßenbahn, U-Bahn oder Züge zwängen zu müssen oder Nervende im Berufsverkehr meiden zu können.

Wie muss ein Homeoffice eingerichtet sein?

Vorübergehend lässt sich ein Laptop fantastisch problemlos an vielen Stellen in der Wohnung aufklappen und ist ganz schnell startbereit; einwandfreien Zugang zum Netz vorausgesetzt.

Allerdings: Vernünftiges Arbeiten auf Terrassenmöbeln, auf dem Küchentisch oder auf einem kleinen Beistelltisch im Schlafzimmer neben der aufgespannten Wäschespinne, im Bett oder auf der Couch liegend, kann und darf sicher nicht als optimaler und dauerhafter Arbeitsplatz bezeichnet werden.

Oft fehlt der Platz für Ablagen. Unterlagen müssen umständlich gesucht werden, Arbeitsabläufe werden ungewollt ständig immer wieder unterbrochen. Das sind selbstverständlich keine guten Voraussetzungen für ein stressfreies Arbeitsumfeld.

Was folgt daraus? Idealerweise – und so ist es vom Gesetzgeber auch vorgesehen – kann und soll für das Homeoffice ein Extraraum genutzt werden. Ob jeder Schüler und jeder Studierende solch einen Extraraum für sein Homeschooling nutzen kann?

Idealerweise ist Privates weitestgehend aus diesem Raum verbannt. Die gewählte Arbeitsfläche ist groß genug. Auch so groß, dass ein Stapel Papiere und benötigte Unterlagen, Pläne und anderes vorübergehend dort liegen bleiben können.

Manch einer hält seinen Arbeitsplatz penibel sauber, bei einem anderen scheint ein ‚kreatives Chaos' zu herrschen. Jeder soll so arbeiten, wie es für ihn am besten ist. Deshalb soll es niemanden stören (also auch keine anderen Familienangehörige oder Menschen, die in der selben Hausgemeinschaft leben), sollten Arbeitsunterlagen ein paar Tage ausgebreitet liegen bleiben.

Familienmitglieder akzeptieren die Arbeit im Homeoffice als berufliche Tätigkeit und versuchen nicht, den Arbeitenden in häusliche Aufgaben einzubinden – „... kannst du eben mal ...".

Körperliche Leiden vermeiden – Schäden vorbeugen

Der den Körper schonende Bürostuhl ist ergonomisch geformt und passt (in der Sitzhöhe verstellbar) zur Arbeitsfläche.

Falls der Bürostuhl mit Armlehnen ausgestattet ist, haben diese idealerweise dieselbe Höhe wie die Tischfläche.

Der eingerichtete Büroraum soll gut beleuchtet sein, wobei speziell der Arbeitsplatz gut ausgeleuchtet werden muss. Das vermeidet eine schnelle Übermüdung, verkrampftes Sitzen, dadurch das Risiko des Ansteigens von Flüchtigkeitsfehlern bis hin zu gravierenden, schwerwiegenden Fehlern.

Ideal ist abblendbares Tageslicht. Hin und wieder sollte sich der Raum problemlos lüften lassen.

Ein unpassend eingerichteter Arbeitsplatz kann schnell körperliches Leiden hervorrufen: Kopf- und Nackenschmerzen, Muskelverzerrungen, Brennen der Augen, Knochen- und Gelenkschmerzen, Rückenschmerzen und so weiter.

Manche sitzen tief gebeugt vor dem Display ihres Tablets; auf Dauer unangenehm für den Rücken und die Augen.

Wer mit einem klassischen Monitor arbeitet, sollte leicht von oben auf den Bildschirm schauen können. Der Monitor ist so aufgestellt, dass sich störende Lichtquellen nicht darauf spiegeln können.

Wenn möglich, ist der untere Rand des Bildschirms ganz nahe an der Schreibtischfläche. Der Monitor ist leicht nach hinten gekippt. Bei diesem Aufbau kann der Arbeitende sozusagen senkrecht auf den Monitor schauen.

Für die meisten Menschen ist ein Abstand zwischen Monitor und Augen zwischen 50 und 70 cm angenehm.

So verlockend es zu sein scheint, eben das Tablet zu öffnen und loszulegen, ist es eher besser, im Vorfeld genügend Zeit darauf zu verwenden, sich seinen Arbeitsplatz so ideal wie möglich einzurichten. Lieber jetzt etwas mehr Zeit für diese Vorbereitungen einplanen, als später gesundheitliche Einbußen zu erfahren. Schließlich wird davon ausgegangen, dass für eine längere Zeit im Homeoffice gearbeitet wird.

Sicherheitspflicht im Homeoffice

Der Arbeitgeber ist gehalten, die Gegebenheiten vor Ort im Homeoffice zu überprüfen. Die Verpflichtung des Arbeitgebers hängt mit Gründen der Sicherheit am Arbeitsplatz des Mitarbeiters zusammen. Diese muss natürlich am Arbeitsplatz gewährleistet sein, unabhängig davon, ob jemand im Büro oder bei sich zu Hause oder von anderer Stelle unterwegs arbeitet. Dasselbe gilt für Arbeitsschutz und Arbeitszeit.

Ob der Arbeitgeber tatsächlich den Arbeitsplatz zu Hause überprüfen wird, oder ob er sich mit Fotos und Beschreibungen begnügt oder einmal mit der Webkamera aus Distanz den Raum inspiziert, muss die Arbeitskraft entscheiden.

Telearbeit versus Mobiler Arbeit

Es scheint gleichwertig, ob ein Mitarbeiter im Büro, im Homeoffice oder irgendwo unterwegs arbeitet. Im Ergebnis der Arbeit mag das stimmen, im rechtlichen Sinn nicht unbedingt.

Zum Zeitpunkt der Drucklegung dieses Buches gilt folgende Unterscheidung: Wird von Telearbeit gesprochen, muss diese Arbeitsform im Arbeitsvertrag oder in einer betrieblichen Vereinbarung geregelt und von beiden (Arbeitgeber und Arbeitnehmer) akzeptiert sein.

In diesem Fall greift die sogenannte Arbeitsstättenverordnung. Gerade bei Versicherungsfällen ist diese Variante wichtig. Außerdem ist der Arbeitgeber für die komplette Ausstattung des Homeoffice-Büros und der technischen Funktionalität zuständig. Ist geregelt, wer für Heiz- und Stromkosten für den zu Hause Arbeitenden aufkommt?

Die Alternative nennt sich ‚mobiles Arbeiten‘. Dem Mitarbeiter wird nach Absprache freigestellt, wo er (unterwegs, im Veranstaltungshotel, im Homeoffice oder an anderer Stelle) seine Arbeit verrichtet. Die Wahl des Arbeitsortes obliegt dem Arbeitnehmer.

Allerdings ist dann auch der Arbeitnehmer für die notwendige Ausstattung seines Arbeitsplatzes, hier seines Homeoffices, zuständig.

Bestimmte Versicherungsleistungen müssen dann von der Versicherung des Arbeitnehmers getragen werden.

Datenschutz im Homeoffice

Vertrauliche Daten dürfen nicht in falsche Hände geraten.

Wie jeder Beschäftigte im Unternehmen, muss der Homeoffice-Mitarbeiter ebenso vorsichtig sein, was den Datenschutz betrifft. Sensible Daten, wie zum Beispiel mögliche Rückschlüsse auf personenbezogene Informationen gehören nicht in das Blickfeld Dritter! Dritte in diesem Zusammenhang sind auch Personen, die sich im gleichen Haushalt befinden.

Das hat wenig mit Misstrauen gegenüber Familienangehörigen zu tun. Nein: Es gilt, gesetzliche Vorschriften zu beachten. Diese sind unbedingt einzuhalten.

Bei Unklarheiten kann ein betriebsinterner Datenschutzbeauftragter (sofern vorhanden) befragt werden.

Die im Homeoffice arbeitende Person achtet darauf, dass keine Interna, Namen oder Hinweise auf Ordnerrücken einsehbar sind. Dasselbe gilt für Hinweise auf Kalender, Übersichten oder Pläne. Hin und wieder liegt eine ausgedruckte Mail oder ein Briefbogen auf dem Tisch, aus dem deutlich der Absender zu ersehen ist.

Externe Begegnungsstätte – Satellitenbüro

Auf Dauer wird es weniger Bedarf an Bürogebäuden und Büroflächen geben. Das wirkt sich sehr wahrscheinlich auch auf die Mieten aus.

Manche Unternehmen richten externe Begegnungsstätten ein, sogenannte Satellitenbüros. Diese kleineren Büroeinheiten können flexibel von Mitarbeitern genutzt werden, die im räumlichen Umfeld wohnen.

Sie sparen sich den weiteren Weg zum Unternehmen und können – je nach Absprache oder Wunsch – im Satellitenbüro oder zu Hause arbeiten.

Im Büro treffen sie gegebenenfalls auf ihre Kolleginnen und Kollegen, was dem Gefühl der Isolation vorbeugt.

Struktur des Arbeitsablaufes

Einige Tipps für Personen im Homeoffice. Zuerst sollte sicherge-stellt sein, dass ungestört gearbeitet werden kann. Am besten im Vorfeld mit den Personen, die sich im selben Wohnbereich aufhalten klären, dass der Arbeitende nicht gestört wird.

Ein Hinweis an der geschlossenen Bürotür kann auch für unge-störtes Arbeiten sorgen.

Manch einer, der im Homeoffice arbeitet, vergisst Raum und Zeit um sich. Für die dauerhafte Konzentration und das fehlerfreie Arbeiten sind Unterbrechungen oder Pausen notwendig.

Am besten genau planen, von wann bis wann eine Arbeit- oder eine Ruhepause eingelegt werden soll.

Vielleicht ist der Spruch bekannt: Dienst ist Dienst und Schnaps ist Schnaps. Das lässt sich übertragen auf das ‚nebenher' Essen und Trinken am Arbeitsplatz.

Nachgewiesenermaßen hilft es der Gesundheit und dem körper-lichen Wohlbefinden, Snacks oder Mahlzeiten außerhalb des Ar-beitsplatzes einzunehmen.

Am besten: Den Schreibtisch kurz verlassen, ein paar Schritte an andere Stelle in der Wohnung gehen, um dort eine Kleinigkeit oder eine Mahlzeit zu sich zu nehmen – und zwar in aller Ruhe, ohne Hatz und bei gleichzeitigem Verzicht darauf, eine Arbeits-unterlage mitzunehmen.

Soziale Vereinsamung?

„Mich ruft gar keiner mehr an. Haben die mich vergessen?"

Der Arbeitsplatz kann noch so gut eingerichtet, die technischen Übermittlungsmöglichkeiten zwischen Betrieb und Homeoffice optimal eingestellt sein, eines fehlt trotzdem. Nämlich der Aus-tausch mit Kolleginnen und Kollegen; der direkte physische Kon-takt zum beruflichen sozialen Umfeld.

Nach Meinung fast aller Befragten lässt sich das ‚eben mal zum Kollegen gehen und ihm auf die Schulter klopfen' nicht in eine Online-Fassung bringen.

Damit die Arbeit nicht schnell eintönig wird und das unange-nehme Gefühl der Einsamkeit auslöst, gehören regelmäßige Te-lefonate oder immer wieder stattfindender Videoaustausch un-bedingt zur Arbeit im Homeoffice dazu.

Damit ist nicht nur der Austausch zwischen Vorgesetzten und Beschäftigten gemeint, sondern auch zwischen den Kollegen un-tereinander.

Welch ein Gefühl mag es für eine von zu Hause arbeitende Per-son sein, die zum Beispiel einen ganzen Monat oder noch über längere Zeit ohne den direkten Austausch mit ihren Kollegen o-der Kolleginnen arbeitet? Besteht hier tatsächlich das ,Risiko‘ der sozialen Verkümmerung oder gar der sozialen Isolation? Fachleute vertreten diese Meinung, viele Betroffene auch.

Der Einzelne als soziales Wesen benötigt (zum Überleben) den Austausch mit anderen Menschen. Chat-Programme oder Bild-Telefone reichen nicht aus. Es bedarf tatsächlich des persönli-chen Kontakts mit Kollegen und Vorgesetzten, der räumlichen Nähe, der ungezwungenen Atmosphäre und des Gefühls der Zu-sammengehörigkeit.

Vermeidung der sozialen Isolation

Viele verantwortungsvolle Führungskräfte überlegen sich, wie sie dieser möglicherweise gefühlten Isolation vorgreifen können. Der erste Schritt ist denkbar im Wechsel des Arbeitsplatzes ein-mal im Homeoffice und einmal im Büro.

Montag, Mittwoch, Freitag im Büro, Dienstag, Donnerstag zu Hause. Oder: Drei Tage zu Hause im Homeoffice und zwei Tage als Präsenz im Büro. Dabei müssen die Homeoffice-Tage nicht immer dieselben Wochentage sein.

Ein Wechsel der Tage ist denkbar, damit die Wahrscheinlichkeit steigt, dass sich nach und nach alle Kollegen und Kolleginnen im Unternehmen begegnen.

Sollte die Arbeit von zu Hause über mehrere Wochen anhalten, empfiehlt sich unbedingt ein täglicher Kontakt per Telefon un-tereinander.

So könnte zum Beispiel der im Homeoffice Arbeitende zu Beginn der Arbeit mit seinem Vorgesetzten telefonischen Kontakt oder ein Telefonat via Bild herstellen. Dabei könnte besprochen werden, welche Arbeiten ‚heute anstehen‘ oder ‚bis wann‘ sie erledigt sein sollen.

Nebenbei ergeben sich idealerweise auch Informationen und Nachrichten über das Arbeitsumfeld, die mit der ‚eigentlichen‘ Arbeit nichts zu tun haben müssen.

Der Mitarbeiter könnte so das Gefühl erhalten, als Mensch mit seinen Bedürfnissen wahrgenommen zu werden und nicht nur als reine Arbeitskraft.

Die Führungskraft kann dazu beitragen, dass sich der Mitarbeiter hin und wieder mit diesem oder jenem Kollegen über die Ferne hinweg austauscht.

Hin und wieder ergeben sich auch kleine Projekte, die sich zu zweit oder im kleinen Team leichter erledigen lassen.

Der interne Austausch auf diesem Weg trägt dazu bei, dass nicht ungewollt zwei Personen an derselben Idee arbeiten, ohne voneinander zu wissen.

Kontakt halten

In regelmäßigen Abständen lädt die Führungskraft das komplette Team zu Videokonferenzen ein, um alle aus ihrem Bereich an einem virtuellen Tisch versammeln zu können.

Damit auch tatsächlich jeder am Telemeeting teilnehmen kann, achtet sie darauf, dass die Einladung zur Teilnahme rechtzeitig verschickt wird. Das Meeting wird in einem Zeitfenster eingesetzt, an dem voraussichtlich alle teilnehmen können.

Solche Treffen sind relativ wichtig, weil sie dabei helfen, dass sich jeder aus dem Team ‚in Erinnerung‘ bringen kann. Die Gefahr, ‚von der Bildfläche‘ und damit aus dem Gedächtnis zu verschwinden, wird minimiert.

Obwohl die Führungskraft eines mittelgroßen Teams genügend andere Dinge zu tun hat, erweist es sich als vorteilhaft, den kommunikativen Austausch mit den Mitarbeitern aufrecht zu erhalten.

Ruft sie in regelmäßigen Abständen ihre Mitarbeiter an, wird ein beachtlicher Teil ihrer Arbeitszeit hierzu benötigt. Trotzdem soll das Telefonat nicht gehetzt wirken oder abgebrochen werden, weil bereits die nächste Aufgabe erledigt werden muss.

Es sollte eine Selbstverständlichkeit sein, die Mitarbeiter nur in den abgesprochenen ‚Bürozeiten' zu kontaktieren. Jeder Mitarbeiter, wie die Führungskraft selbst auch, hat das Recht auf freie Zeit, Pausen und Freizeit. Diese Zeiten sind für den telefonischen Austausch nicht geeignet.

Arbeitstreffen außer Haus

Manche Führungskraft lädt hin und wieder einen ihrer Mitarbeiter zu einem Treffen außer Haus, zum Beispiel zu einem Arbeitsessen ein.

Damit wird nicht nur der zwischenmenschliche Kontakt aufrechterhalten, sondern auch ein gewisses Interesse am Menschen gezeigt. Allerdings: Der Beigeschmack eines ‚privaten' Treffens soll vermieden werden.

Um den Aufwand für beide Seiten in vernünftigem Rahmen zu halten, wäre solch ein Treffen auf halbem Weg zwischen Homeoffice und Unternehmenssitz denkbar.

Alternativ könnten auch immer zwei Mitarbeiter (in wechselnder Konstellation) zu solch einem Treffen eingeladen werden. Dadurch würde der direkte Austausch der zwei Eingeladenen gestärkt.

Lockdown und Quarantäne

Bei der Recherche zu diesem Thema berichtete ein Befragter, dass er aufgrund der Quarantänebestimmungen und Sicherheitsvorkehrungen des Unternehmens infolge des Lockdowns einige Wochen ausschließlich vom Homeoffice aus arbeiten konnte.

Erst kurz zuvor war er Vorgesetzter eines Teams geworden.

Die einzelnen Mitarbeiter seines Teams waren an verschiedenen Standorten Deutschlands verteilt. Der Vorgesetzte schaffte es gerade noch, etwa ein Drittel seiner neuen Mitarbeiter Face-to-Face kennenzulernen, bevor die Beschränkungen galten.

So ergab es sich, dass er, mit Menschen über die virtuellen Kanäle zusammenarbeitete, die er selbst noch nie in Persona kennenlernen konnte.

Es erschien der Führungskraft als extreme Herausforderung, die geplanten Projekte und vorgesehenen Arbeiten optimal unter diesen Konstellationen erfolgreich zum Ergebnis zu führen.

Den neuen Mitarbeiter direkt ins Homeoffice schicken?

Ganz schwierig bei dieser Situation gestaltete sich die sensible Einführung einer neuen Mitarbeiterin ins Team. Der Vorgesetzte nahm sich genügend Zeit, im virtuellen Kontakt mit dieser Person zu sein.

Nach Beenden der strikten Distanzhaltung, lockerte sich die komplette Situation wieder. Durch das hybride Arbeiten (mal vor Ort mal virtuell) wuchs das Team wie gewünscht zusammen. Video-Chats sorgten für das Kennenlernen und den Aufbau der Zusammenarbeit im Team.

Für den Vorgesetzten war klar, eine neue Mitarbeiterin oder einen neuen Mitarbeiter zukünftig, so es denn möglich ist, nicht von Beginn an ins Homeoffice zu schicken.

Er will sich und der neuen Person im Team die Gelegenheit bieten, sich untereinander besser kennenzulernen.

Onboarding

„Der Neue kommt an Bord." Für zukünftige oder auch generell für jede neu dazu kommende Person im Team lassen manche Führungskräfte Videos erstellen, die Arbeitsabläufe mit Bild und Ton erklären.

Auch zu Schulungszwecken können Videos nicht nur in der Homeoffice-Arbeit sinnvoll sein.

Einem neuen Mitarbeiter, einer neuen Mitarbeiterin kann ein sogenannter ‚Buddy' zur Verfügung gestellt werden. Buddy kann mit ‚guter Kumpel' übersetzt werden.

Es handelt sich um eine Person aus dem bestehenden Team, die die neu dazu kommende Arbeitskraft eine gewisse Zeit begleitet und bei Unklarheiten zur Verfügung steht.

Solch ein Buddy kann bereits vor dem ersten Arbeitstag mit der neuen Arbeitskraft Kontakt aufnehmen.

Homeoffice – die Neue Normalität?

Nach Ende des Lockdowns in der ersten Jahreshälfte 2020 wurde nach der Meinung der ungewollten Ausgangssperre gefragt.

Überraschend viele Befragte empfanden eine Art in Entschleunigung des bis dato üblichen Arbeitslebens.

Trotz aller technischen Herausforderungen passten sich die meisten den neuen Anforderungen relativ schnell an. Manche sprachen von der ‚Neuen Normalität', wobei natürlich generell infrage zu stellen ist, was ‚normal' bedeutet. ‚Normal' im Sinn von ‚der Norm entsprechend', gilt üblicherweise als ‚normal', was das Gros der Gesellschaft als richtig empfindet.

Einige Befragten meinten, dass die bis dato selten oder nie praktizierte Arbeit im Homeoffice half, die Work-Life-Balance in Ausgewogenheit auszupendeln.

Die Familie wurde häufiger gesehen, der Tagesablauf und das Heranwachsen der Kinder drang (wieder) mehr ins Bewusstsein. Plötzlich war wieder mehr Zeit für den Nachwuchs vorhanden, Arbeit im Haushalt konnte anders verteilt werden, die Wertschätzung für das Leben in der Gegenwart wuchs.

Eingefahrene Rituale wurden aufgebrochen. Der immer wiederkehrende Tagesablauf gestaltete sich neu, teilweise in ungeahnter Möglichkeit.

Alles gut demnach? Jein. Vor- und Nachteile sind erfasst, Verbesserungspotenzial ist erkannt.

So wie es aussieht, wird die Arbeitswelt eine andere sein, als sie noch Anfang 2020 war.

Die Zukunft wird zeigen, inwiefern die digitale Arbeit besser ist als die bisherige Büro-Arbeit. Was immer sich entwickeln wird: Die Menschheit hat in den vergangenen Jahrtausenden gezeigt, das Beste aus der jeweiligen Situation zu ziehen.

Es darf davon ausgegangen werden, dass es diesmal auch so sein wird.

5 – Einfühlungsvermögen und Vertrauen

Vertrauen versus Kontrolle

Gibt man nicht Vertrauen, so erhält man kein Vertrauen.
Laotse (Laozi), chin. Philosoph
(verm. 6. Jh. v. Chr.)

Empathie – Einfühlungsvermögen

„Ich möchte dich besser verstehen können." Denkt die Führungskraft so, dann ist ein guter Ansatz im Bereich des Einfühlungswillens, der Empathie gegeben.

Es wäre schön zu sehen, dass eine Führungskraft grundsätzlich eine gehörige Portion Empathie besitzt.

Selbstredend soll sie sich in die Gefühlswelt des Gegenübers versetzen können. Das gilt gleichermaßen für Kunden, für Mitarbeiter oder andere, mit denen sie zu tun hat.

Empathie bedeutet hier die Fähigkeit, sich in den Kopf – genauer in die Gedankenwelt – des Gegenübers hineinversetzen zu können.

Wohlgemerkt nicht im Sinne der Kontrolle und Überwachung, sondern im Sinn des guten Verstehens. Welche Beweggründe zeigt der Mitarbeiter, welche Sorgen und Ängste plagen ihn?

Bei entsprechender Empathie kann sich durch diese Vorgehensweise Vertrauen aufbauen.

Empathisch Vorgehen braucht Zeit und Energie, hilft aber bei der erfolgreichen Zusammenarbeit.

Zweifel der Führungskraft

„Ich weiß ja nicht, ob mein Mitarbeiter wirklich arbeitet!" So mag mache Führungskraft denken, die an der effektiven Arbeit des Mitarbeiters zweifelt.

Tja, wie will der Vorgesetzte wissen können, ob der Mitarbeiter fleißig arbeitet oder lieber faulenzt? Lässt er eine Kamera im Büro installieren, zeichnet er Gespräche auf? Ist das – einerseits – gesetzeskonform – andererseits – wertschätzend dem Mitarbeiter gegenüber.

Es steht außer Frage, dass bestimmte Arbeitsbereiche aus Sicherheitsgründen überwacht werden müssen. Muss der Beschäftigte kontrolliert werden – gegebenenfalls über seine komplette Arbeitszeit hinweg?

Vielleicht muss das in manchen Unternehmen so sein. Bei den in diesem Buch gemeinten Arbeitsbereichen ist eine komplette Überwachung in der Regel unangebracht und meist als illegal zu bezeichnen.

Manche Führungskraft vertritt die Meinung: Befindet sich meine Mitarbeiterin oder mein Mitarbeiter direkt im Büro nebenan, besteht eine gefühlte Kontrolle ihrer/seiner Arbeit; zumindest einmal die der Anwesenheit.

Schnell findet sich der Weg ins Büro, um dort ‚nebenbei‘ wahrnehmen zu können, ob der Mitarbeiter mit seiner Arbeit beschäftigt ist.

Aufzeichnungen des Gesprächsverlaufs

Wie soll das beim Arbeiten im Homeoffice möglich sein?

Es gibt genügend technische Möglichkeiten, ständig auf dem Rechner der Person in deren Homeoffice zu sein und dort auch einen unangekündigten Zugriff nehmen zu können. Meist ist auch ein zeitversetzter, späterer Zugriff möglich, sowie gespeicherte Arbeitsprotokolle zu kontrollieren.

Viele Chat-Programme bieten die Möglichkeit an, die virtuelle Besprechung aufzuzeichnen. So kann ein Mitarbeiter des Teams, der an der Teilnahme verhindert war, den Austausch zu einem späteren Zeitpunkt nachvollziehen.

Gleichzeitig kann solch eine Aufzeichnung als eine Art Protokoll dienen und natürlich – wenn gewünscht – eine Kontrolle darstellen.

Um den Datenschutz nicht zu verletzen, müssen die Teilnehmer informiert sein, dass eine Aufzeichnung vorgenommen wird. Die ‚mitgeschnittene‘ Besprechung wird durch genaue Zeitangaben wie Beginn, Dauer und Ende der Aufzeichnung gespeichert.

Erfassung der Arbeitszeit am Rechner

Eine Erfassung der tatsächlichen Arbeitszeit am Rechner kann technisch problemlos eingerichtet werden. In manchen Unternehmen dient die minutengenaue Erfassung der Arbeitszeit sogar zu Ermittlung einer Provision.

Die Kontrolle dient hier, eine genaue Gehaltsabrechnung zu gewährleisten.

Bezahlung nach Zeit oder nach Projekt

Kombiniert mit der Idee der flexiblen Arbeitszeit bezahlen manche Arbeitgeber beispielsweise geleistete Projekte bei Abgabe.

Sie bezahlen also nicht nach benötigter Zeit, sondern nach geliefertem Ergebnis.

Damit sind die Kosten noch besser kalkulierbar und dem Mitarbeiter ist freigestellt, wann er wie viel Zeit für die Aufgabe investiert.

So könnte die Erreichung eines Ziels höher gewertet werden, als die Bezahlung nach tatsächlich geleisteten Arbeitsstunden. Ein ergebnisorientiertes Arbeiten wird der Präsenz-Arbeit vorgezogen. Die körperliche Anwesenheit ist nicht mehr überall und immer wichtig.

Diese Art der Bezahlung ist bei klassischen Festangestellten eher unüblich. Trotzdem lohnt sich möglicherweise ein Gedanke in dieser Richtung.

Kontrolle wegen fehlendem Vertrauen?

Dient die Kontrolle allerdings dazu, das fehlende Vertrauen zu ersetzen, sieht es anders aus.

Fehlendes Vertrauen den Mitarbeitern gegenüber schließt eine effektive Zusammenarbeit im Homeoffice fast zwangsläufig aus.

Bedingung für eine gute Arbeit im Homeoffice setzt ein gewisses ‚gesundes‘ Vertrauens voraus.

Vertrauen und Misstrauen

Das Gegenteil von Vertrauen ist Misstrauen. Das Neugeborene vertraut seiner Mutter zu 100 %. Ohne dieses Vertrauen könnte es gar nicht am Leben bleiben. Es misstraut der Mutter überhaupt nicht. Verständlicherweise übt es – bewusst – keine Kontrolle über die Mutter aus.

Im Laufe des Heranwachsens sammelt das Kind Erfahrungen. Der Ast am Baum zum Hochziehen sieht vertrauensvoll stark aus. Dummerweise bricht er ab, das Kind fällt zu Boden. Das Kind lernt zu misstrauen.

Im weiteren Verlauf des Erwachsenwerdens misstraut der Mensch anderen oder bestimmten Sachverhalten und Dingen. „Ist der Ast kräftig genug, um eine Kinderschaukel anzuhängen?"

Hier wird das Verhältnis einer Mutter zu ihrem Nachwuchs dargestellt. Hier sollen Vertrauen und Kontrolle gegenüberstehen und sich jeweils bedingen: Je mehr Vertrauen desto weniger Kontrolle.

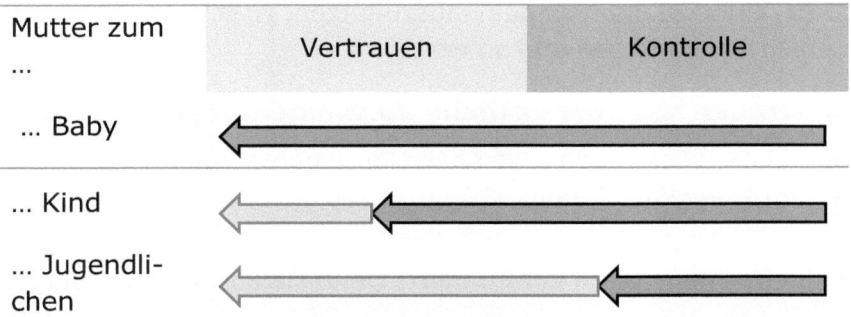

Der heranwachsende Jugendliche wird sich immer mehr der Kontrolle seiner Mutter entziehen. Sollte es zu keiner Störung zwischen Mutter und Jugendlichem kommen, müsste die Mutter im gleichen Maße dem Nachwuchs Vertrauen schenken, auch wenn es schwierig sein kann.

Diese Überlegungen, Vertrauen und Misstrauen betreffend, können erst erfolgen, wenn schon einmal gesehen oder erlebt wurde, dass ein Ast brechen kann.

Der Mensch misstraut auch anderen Menschen. Menschen, die sich anders (ungewohnt, nach subjektivem Empfinden falsch ...) verhalten oder anders aussehen als er selbst.

Dadurch werden Stereotypen gebildet und gefestigt. Aversionen und Feindseligkeiten werden aufgebaut. Vorurteile verankern sich fest im Gehirn.

Das gesunde und das ungesunde Misstrauen

Natürlich kann ein ‚gesundes' Misstrauen vor kritischen Situationen bewahren und helfen, Unfälle zu vermeiden. Dadurch scheint Misstrauen zu helfen, das eigene Leben zu schützen.

Anfangs will die Mutter das Verhalten des Kindes kontrollieren: „Mache das nicht, das ist gefährlich!"

Neben dem gesunden Misstrauen gibt es auch noch das ‚ungesunde' oder ‚krankhafte' Misstrauen.

Die fast schon panische Furcht davor, dass alle und jeder versucht, einen zu überrumpeln, auszunutzen, zu schädigen, zu bestehlen, zu verletzen und so weiter.

Misstrauen stört die virtuelle Zusammenarbeit im Team

Vertrauen, Misstrauen und Kontrolle gehören zur täglichen Arbeit im kollegialen Team.

Mit Vorurteilen, Ängsten und Befürchtungen werden Mitarbeitende in einem Team konfrontiert, wenn sie zusammenarbeiten sollen oder wollen. Die Führungskraft kann sich von diesen Verhaltensmustern auch nicht freisprechen; es trifft sie genauso.

So scheint es verständlich, dass ein latentes, unterschwelliges Misstrauen untereinander bestehen kann. Für eine optimale Zusammenarbeit bedarf es allerdings eines viel größeren Vertrauens.

Lernen, zu vertrauen

„Ich vertraue Ihnen hier komplett, lieber Mitarbeiter." Freundlich lächelnd verabschiedet sich die Führungskraft aus der Telekonferenz und lässt den Mitarbeiter motiviert oder zweifelnd zurück.

Motiviert dann, wenn er die Aussage als Lob empfindet. Zweifelnd hingegen dann, wenn er meint, eine Aufgabe erfüllen zu müssen, der er möglicherweise nicht ganz gewachsen ist. Der Mitarbeiter fühlt durch das ausgesprochene Vertrauen eine zusätzliche Last, da er seinen Vorgesetzten ja nicht enttäuschen will.

Ist nach den bisherigen Überlegungen jeder Betroffene angesprochen, Vertrauen zu lernen (zu können oder zu müssen)? Ja, höchstwahrscheinlich.

Es geht hierbei nicht um das ‚blinde Vertrauen‘. In Einzelfällen mag das denkbar sein. Ansonsten ist ein kritisches Hinterfragen (etwa eine Art konstruktives Misstrauen zu zeigen) erlaubt und erwartet, um nicht ungewollte Fehler zu übersehen und zu begehen.

Eine Person zur anderen	Vertrauen	Kontrolle
Blindes Vertrauen		
Gesundes Vertrauen		
Krankhaftes Misstrauen		

Vertrauen schenken

In manchen Situationen muss zwangsläufig Vertrauen geschenkt werden. Zum Beispiel:

„Ich vertraue darauf, dass mich die Polizei schützen wird."

„Ich vertraue darauf, dass mein Gehalt regelmäßig überwiesen wird."

In den genannten Beispielen kann von Vertrauen in fremdes Verhalten, von Fremdvertrauen gesprochen werden.

Gerade bei der Online-Arbeit in einem Team sollte sich jeder aus dieser Runde auf den anderen verlassen können. Beispielsweise darauf, dass weder gemobbt noch jemand hintergangen wird. Vertrauen darauf, dass Vereinbarungen oder Aussagen nicht den Raum verlassen, bevor alle einverstanden sind.

Verlassen darauf, dass ehrliches Feedback gegeben wird, jeder gleich fair behandelt wird und jeder Fehler machen darf. Es soll ‚vertrauensvoll' und angstfrei miteinander gearbeitet werden.

Tatsächlich darf auch Vertrauen geschenkt werden. „Ich schenke Ihnen Vertrauen." Dem Beschenkten steht es frei, das geschenkte Vertrauen zu akzeptieren. Vertrauen lässt sich schlecht von einem auf den anderen übertragen. „Dem können Sie vertrauen."

In der Regel wird der Vertrauensgebende abwarten, wieweit er das in die andere Person gesteckte Vertrauen bestätigt sieht. Bestätigt durch das Verhalten oder die Leistung des anderen.

Vertrauen lässt sich nicht befehlen – Vertrauen muss wachsen. Das braucht Zeit. In der Online-Arbeit sowieso, da der direkte persönliche Kontakt zueinander fehlt.

Es gibt also Personen, die Vertrauen schenken oder geben. Wer Vertrauen schenkt, ist der Vertrauensgeber, der Beschenkte ist der Vertrauensnehmer. Bei zwei zusammenarbeitenden Personen gibt es einen, der Vertrauen schenkt und einen, der das entgegengebrachte Vertrauen annimmt.

Abhängigkeit durch eine kritische Vertrauensübertragung

Durch Vertrauensübertragungen kann eine ungewollte Abhängigkeit entstehen. So gibt es Beschäftigte, die eine – unerwünschte – Vertrauensbeziehung aufbauen. „Im Vertrauen gesagt …"

Die Führungskraft gerät möglicherweise in eine Zwickmühle, wird sie auf diese Art ‚ins Vertrauen gezogen'. Weshalb? Nun, sie ist um ein Geheimnis reicher. Nicht immer ist sie glücklich über diesen Informationsgewinn. Denn nun weiß sie über eine dritte Person etwas Vertrauliches.

Die dritte Person ist sich nicht bewusst, dass die Führungskraft etwas von ihr weiß. Wie sollen die beiden sich verhalten, sobald sie einander treffen? Speziell natürlich die Führungskraft muss sich diese Frage stellen, da sie ja das ihr vermittelte Geheimnis nicht offenbaren kann.

Wie verhalten sich die beiden, wenn sie sich im Video-Chat gegenübersitzen? Verrät sie die Körpersprache?

Überlegt vorgehende Führungskräfte vermeiden, durch solche Geheimnisse in eine unangenehme Situation gebracht zu werden.

Erfährt die dritte Person später, dass die Führungskraft über ‚geheime' Begebenheit informiert war, ist das Vertrauen der Führungskraft gegenüber gebrochen. „Wie soll ich der Person noch in die Augen sehen können?"

Nähert sich jemand der Führungskraft mit dem Zweck, ihr ein Geheimnis anzuvertrauen, kann die Führungskraft sofort deutlich machen, dass sie sich nicht in eine mögliche Abhängigkeit bringen will.

Sie kann klar sagen, dass sie selbst entscheidet, erfahrene Geheimnisse weiterzutragen oder dort, wo es sinnvoll erscheint, für sich zu bewahren.

Beim Teleaustausch kann es sein, dass solche Gespräche aufgezeichnet werden (müssen). Bleibt die Information dann ‚unter 4 Augen'?

Wie verhält sich die Führungskraft, entsteht später ein Konflikt zum ‚vertrauensvoll übermittelten' Thema? Darf (oder muss) sie dann auf die Aufzeichnung zurückgreifen?

Eigenschaftsgebundenes Vertrauen – Kompetenz-Erwartung

Roger C. Mayer, James H. Davis und F. David Schoorman haben interessante Gedanken zum Thema Vertrauen veröffentlicht. Beispielsweise wird das eigenschaftsgebundene Vertrauen erwähnt.

Hier ist jemand bereit, dem Gegenüber zu vertrauen, weil er dessen Fähigkeiten oder dessen Wissen schätzt. Der andere genießt sozusagen einen Vertrauensvorschuss.

Laut den oben Genannten lässt sich bei dem eigenschaftsgebundenen Vertrauen beispielsweise folgende ‚Kompetenz-Erwartung' erkennen.

In der Regel sollte die Führungskraft diesen Vertrauensvorschuss genießen. Der Mitarbeiter erwartet vom Vorgesetzten Fachwissen sowie Kompetenz und verlässt sich darauf, ‚seriöse' Arbeitsaufträge zu erhalten.

Weiter wird er unterstellen, dass ihn die Führungskraft fördert, unterstützt und sich in kritischen Situationen schützend vor ihn stellt.

Wie lässt sich Vertrauen bei der digitalen Zusammenarbeit aufbauen?

Wie bereits erwähnt, benötigt es Zeit und Empathie, um Vertrauen aufzubauen, unabhängig eines realen Treffens oder einer digitalen Vorgehensweise.

Eine vertrauensvolle Zusammenarbeit ist unglaublich wichtig im beruflichen, möglicherweise in der virtuellen Zusammenarbeit noch wichtiger.

So stellt sich die Frage wie sich Vertrauen aufbauen lässt.

Drei Schritte können dazu beitragen, Vertrauen aufzubauen.

1. Schritt:	Der Vertrauensgeber – hier die Führungskraft – signalisiert dem Vertrauensnehmer – jedem Mitarbeiter –, dass er aufmerksam ist. Das bedeutet, er schenkt dem Mitarbeiter Zeit, hört zu, er wendet sich dem Mitarbeiter und dessen Ideen zu.
	Während eines Videotreffens lässt sich die Führungskraft nicht ablenken, hält deutlich Blickkontakt zum Gesprächspartner. Gegebenenfalls macht sie sich Notizen.
2. Schritt:	Der Vertrauensgeber handelt in seinen Anweisungen und in seinem Vorgehen transparent. Er lässt den Mitarbeiter wissen, was er plant und vorhat. Bei der Planung bindet er das Gegenüber mit ein und lässt Rückfragen zu.
	Wo immer es der Unternehmensstrategie nicht widerspricht, verheimlicht die Führungskraft möglichst nichts und hält die Gesprächspartner zeitnah informiert.
	Anweisungen können zur Nachverfolgung schriftlich festgehalten werden. Das darf der Mitarbeiter sehen, steigt doch seine Sicherheit, dass später nichts als ‚missverstanden' abgewertet wird.

	Die Führungskraft baut eine dauerhafte Beziehung zum Gesprächspartner auf. Beide tauschen sich in Videogesprächen über Ziele, Ideale und Werte aus.
3. Schritt:	Der Gesprächspartner wird in Überlegungen eingebunden und damit mit seinem Einverständnis in die Strategie gebunden. Dadurch fühlt er sich motiviert und verantwortlich(er) in seiner Arbeit.

Die Schritte zum gesteckten Ziel checken

Darf, kann oder muss die Führungskraft davon ausgehen, dass bei hoch ausgeprägtem Vertrauen die Arbeit und das Verhalten ihrer Mitarbeiter ‚reibungslos wie am Schnürchen' läuft? Das wäre schön.

Auch die beste Teamarbeit benötigt trotz allen Team-Spirits und empathischen Wohlwollens eine gewisse Kontrolle. Genau genommen erwarten viele im Team Arbeitende sogar eine gewisse Kontrolle, beispielsweise um sich selbst in der richtigen Richtung weiterzuentwickeln.

Schleicht sich erst einmal ein Fehler ein, kann dieser später eventuell nur durch große Kraftanstrengung ausgemerzt werden.

Deshalb hilft den Mitarbeiterinnen und Mitarbeitern eine möglichst genaue Vorgabe (Ziel), um zu wissen, was von ihnen verlangt wird. Sie können ihre eigenen Arbeitsschritte immer wieder abgleichen.

Damit das Ziel erreicht werden kann, muss eine realistische Zeitspanne zur Erreichung eingeplant sein. Bei dieser Art der Zusammenarbeit helfen:

Zuverlässigkeit:	Alle Absprachen, Zusagen, Vereinbarungen werden eingehalten. Das gilt für beide Seiten.
Disziplin:	Das vereinbarte Ziel wird diszipliniert angestrebt. Unklarheiten werden zeitnah ausgeräumt.
Tätigkeit:	Pünktlichkeit ist erwartet (gerade in der virtuellen Arbeit). Mehrere kurze Pausen helfen dabei, die Aufmerksamkeit auf einem hohen Level zu halten.
Wissenstransfer:	Erfahrungswerte, Wissen – und damit Macht – genauso wie Kontrolle dürfen und sollen geteilt werden.
Machbarkeit:	Bei Absprachen wird einvernehmlich geklärt, ob der Beauftragte bis zum gewünschten Termin die übertragene Arbeit erledigen kann.

Hilfreiche Zwischenkontrollen

Um ‚böse' Überraschungen am Ende der vorgesehenen Zeitspanne zu vermeiden, wünschen die Mitarbeiter Zwischenkontrollen. Sie wollen und sollen sich absichern, ob ihre Arbeit so weit in Ordnung ist und der Prozess im vorgegebenen Zeitrahmen liegt.

Außerdem können von außen oder durch Dritte neue Konstellationen entstehen, sodass die Strategie angepasst werden muss, um das Ziel zu erreichen. Gegebenenfalls muss sogar das Ziel korrigiert werden.

Natürlich können sich die im Team Arbeitenden untereinander gegenseitig kontrollieren, indem sie zum Beispiel auf Fehler oder Irritationen aufmerksam machen.

Tatsächlich ist es aber Aufgabe der Führungskraft, eine gewisse Kontrollfunktion zu übernehmen. Im Idealfall kann vermieden werden, dass sich in der Planung oder in der Produktion Fehler einschleichen. Das könnte zu großen Kosten und/oder Image-schaden führen.

Bedingt durch die emphatische Fähigkeit der Führungskraft weiß der Vorgesetzte, wann es Zeit ist, nachzufragen und sich über den Zwischenstand informieren zu lassen. Ahnt er, dass es zu Herausforderungen kommen kann, bietet er Unterstützung an.

Konkret heißt das: Regelmäßiger Kontakt auch virtueller Art, immer wieder Nachfragen und kommunikativer Austausch, um Unsicherheiten zu entlarven, ständiges Angebot zur Unterstützung – und das alles, ohne aufdringlich zu wirken.

Stichproben können eine gewisse Art von Zwischenkontrolle übernehmen. Je früher eine Unsicherheit oder Schwachstelle entdeckt wird, desto einfacher lässt sie sich beheben. In der Schule und an der Universität gehören Kontrollen (zum Beispiel Tests, Zwischenprüfungen und Klausuren) zum Alltag.

Kontrollen dienen einerseits dem Schutz der Beschäftigten und andererseits dem Erreichen des Ziels.

Da sich in den Ohren mancher das Wort Kontrolle so aggressiv oder negativ anhört, ließe sich das Wort Kontrolle möglicherweise durch ein gefälligeres ersetzen.

Wie wäre es mit: Begutachtung, Check, Besichtigung, Check-Up, Übersicht, Durchsicht, Bestandsaufnahme, Probe, Visitation, Zwischenstand, Zwischenergebnis, Stand …

Epilog

Zum Mitnehmen

Von der Gegenwart profitieren und die Zukunft gut vorbereiten

Liebe Leserin, lieber Leser,

in nur wenigen Monaten veränderte sich im Jahr 2020 die Arbeit vieler Beschäftigten radikal und nicht nur solcher, die üblicherweise im Büro tätig sind.

Schulen, Ausbildungsstätten, Universitäten, Akademien mussten in kürzester Zeit neue Wege finden, ihrem Bildungsauftrag nachzukommen.

Ärzte, Ämter, Beratungsstellen, Coaches boten viel intensiver Kontakte und Unterstützung über virtuelle Kanäle an.

Meetings, Konferenzen, Parteitage, Messen wurden umstrukturiert, um Kontakt mit Mitarbeitern, Mitgliedern und Kunden zu halten und zu pflegen.

Familienmitglieder, Verwandte, Freunde und Vereinsmitglieder hielten verstärkt den Austausch über Instant-Messaging-Dienste. Sogar die ‚ältere Generation', der immer wieder nachgesagt wird, eher distanziert mit digitalen Programmen arbeiten zu können, entdeckten die unglaublich wirkende Möglichkeit dieser Kommunikation – und nutzen sie.

Es tat und tut sich viel in Sachen digitaler Arbeit.

Diese Lektüre sollte auf Vor- und Nachteile dieser Art der Arbeit hinweisen. Es wurden Tipps gegeben und Überlegungen angeregt, wie die virtuelle Zusammenarbeit optimiert werden kann.

So sollte das gesellschaftliche und berufliche Zusammensein unter den neuen Voraussetzungen und in der Zukunft erleichtert werden.

Kindergärtner, Physiotherapeuten, Konzertanbieter und viele andere taten sich deutlich schwerer bis fast hin zum Unmöglichen, virtuell zu arbeiten.

Wahrscheinlich ist noch lange nicht das ‚Ende der Fahnenstange' der digitalen Zusammenarbeit erreicht. Höchstwahrscheinlich wird es neue Chat-Programme geben, die noch bessere und bisher nicht geahnte Möglichkeiten bieten, über große Distanz Unterricht, Konferenzen und Veranstaltungen durchzuführen.

Jeder Einzelne, der mit digitaler Arbeit konfrontiert ist, kann (und sollte) dazu beitragen, eine erfolgreiche Zusammenarbeit zu ermöglichen.

Nicht nur Führungskräfte, Lehrende und Händler müssen umdenken, sondern auch Schüler, Studierende, Mitarbeiter, Kunden, Gesprächspartner und viele andere mehr.

Da der Mensch als soziales Wesen einzuordnen ist, ist es fraglich, ob die neuen technischen Möglichkeiten ausreichen, alle menschlichen Bedürfnisse nach körperlicher Nähe, direktem Austausch und sozialem Zusammensein (und andere) zu befriedigen.

Es scheint sich eine Arbeitsweise zu entwickeln, die hier als hybride Zusammenarbeit bezeichnet wird: Die gewohnte, klassische Büroarbeit im Wechsel mit der Homeoffice-Arbeit in der digitalen Welt.

Verständlicherweise werden dadurch beispielsweise das Kaufverhalten, gesellschaftliche Feiern, kulturelle Großveranstaltungen, religiös bedingte Feste und viele andere extrem beeinflusst und in geänderter Form stattfinden.

Gegen die veränderte Situation zu opponieren mag nicht zwangsläufig zum Erfolg führen.

Diejenigen, die konstruktiv unterstützen und immer wieder dazu beitragen, optimale Wege und kreative Lösungen zu finden, helfen mit, eine angenehme, zukünftige Arbeitsweise auf- und auszubauen.

Liebe Leserin, lieber Leser, ich wünsche Ihnen für die neuartige berufliche Umsetzung besten Erfolg. Alles Gute

Horst Hanisch

Anhang

Index

Knigge als Synonym und als Namensgeber

Umgang mit Menschen

> *Suche weniger selbst zu glänzen, als andern Gelegenheit zu geben,*
> *sich von vorteilhaften Seiten zu zeigen, wenn Du gelobt werden und gefallen willst*
> **Adolph Freiherr Knigge, aus dem Buch „Über den Umgang mit Menschen", 1788**
> *(1752 - 1796)*

Adolph Freiherr Knigge

Schon zu seinen Lebzeiten war Adolph Freiherr Knigge (1752 – 1796) umstritten. Knigge setzte sich durch sein energisches Eintreten für die Ziele der Aufklärung, so wie er sie verstand, scharfen Angriffen aus. Er arbeitete als Romanschriftsteller und Satiriker, sowie als politischer Schriftsteller. Er gehörte den Freimaurern an.

Heute ist Knigge vor allem durch sein Buch ‚Über den Umgang mit Menschen' (1788) bekannt. Und zwar deswegen, weil sein Werk als Etikette-Buch angesehen wird. Knigge verdankt seinen heutigen Ruf und Erfolg aber einem Missverständnis. Denn: Das Werk Adolph Freiherr Knigges gilt als Etikette-Buch ersten Rangs. Allerdings beschreibt Knigge keine Regeln wie mit Besteck umzugehen ist, oder das Verhalten bei Tisch, stattdessen offenbart er eine praktische Lebensphilosophie im Umgang mit Mitmenschen.

Er gibt Anleitungen und Anregungen, wie mit seinen Mitmenschen richtig umzugehen ist. Knigge hoffte damit, dass die Menschen glücklich und froh miteinander leben könnten. Sein Buch erschien 1788 und war schon kurze Zeit in fast allen Haushalten zu finden.

Über 200 Jahre lang prägte sich sein Buch im Bewusstsein der Leser als praktisches Handbuch über gutes Benehmen ein. In drei Teilen seines Buches hat Knigge über den Umgang mit verschiedenen Menschengruppen geschrieben, zum Beispiel:

- Über den Umgang mit Leuten von verschiedenen Gemütsarten, Temperamenten und Stimmungen des Geistes und des Herzens (Erster Teil, 3. Kapitel)

- Über den Umgang mit Frauenzimmern (Zweiter Teil, 5. Kapitel)

- Über das Verhältnis zwischen Wohltätern und denen, welche Wohltaten empfangen; wie auch unter Lehrern und Schülern, Gläubigern und Schuldnern (Zweiter Teil, 10. Kapitel)

- Über den Umgang mit den Großen der Erde, mit Fürsten, Vornehmen und Reichen (Dritter Teil, 1. Kapitel)

Obwohl es heute klar ist, dass Knigge anderes verfolgte, als wir unter seinem Namen verstehen, soll ‚Knigge' als Synonym für den Bereich stehen, dem sich das vorliegende Buch widmet.

12 Ratgeber in der kleinen Knigge-Reihe

Der kleine ... -Knigge ²¹⁰⁰ (Je € 9,70; 88 Seiten, 12x19 cm, kartoniert)

Anstands- und Banausen-Knigge ²¹⁰⁰
Business- und Kunden-Knigge ²¹⁰⁰
Büro- und Kollegen-Knigge ²¹⁰⁰
Gäste- und Gastgeber-Knigge ²¹⁰⁰
Gesellschafts- und Freunde-Knigge ²¹⁰⁰
Outfit- und Stil-Knigge ²¹⁰⁰

Interkulturelle- und Auslands-Knigge ²¹⁰⁰
Bewerbungs- und Vorstellungs-Knigge ²¹⁰⁰
Event- und Feste-Knigge ²¹⁰⁰
Gastro- und Tischsitten-Knigge ²¹⁰⁰
Speisen- und Exoten-Knigge ²¹⁰⁰
Trinkkultur- und Getränke-Knigge ²¹⁰⁰

12 x kleines Handbuch der Rhetorik 2100

Der kleine Handbuch der Rhetorik ²¹⁰⁰ (Je € 9,70; 100 Seiten, 12x19 cm)

Erfolgreich reden „Die Kunst, flott vorzutragen"
Körpersprache einsetzen „Mit Händen und Füßen sprechen"
Gezielt trainieren „Ich will endlich erfolgreich präsentieren!"
Nervosität austricksen „Mir zittern die Knie"
Begeistert überzeugen „Das rhetorische Feuer entfachen"
Unterschwellig manipulieren „Ich kriege dich schon!"

Wahrnehmung verzerren „Ich glaub' nur, was ich sehe."
Einwände entkräften „Das ist doch gar nicht machbar! – Oder doch?"
Gespräche führen „Zielorientierte und zeitsparende Gesprächslenkung"
Meetings leiten „Besprechungen erfolgreich führen"
Geschicktes Nudging „Das versteckte Anschubsen"
Interviews führen „Darf ich Sie mal fragen?"

4 Ratgeber in der Ego-Management-Reihe

Persönlichkeits-Management – Ego-Knigge ²¹⁰⁰ Soft Skills, Selbst-Reflexion und Selbst-Bewusstsein
Stress-Management – Ego-Knigge ²¹⁰⁰ Lampenfieber, Stressoren, Gerüchte, Mobbing, Burnout, Stressvermeidung
Zeit-Management– Ego-Knigge ²¹⁰⁰ Umgang mit der Zeit, Organisation von Arbeitsabläufen, Perfektionismus, Zielsetzung
Gedächtnis-Management – Ego-Knigge ²¹⁰⁰ Gehirn, Intelligenz, Schwachsinn – Hochbegabung, Gedächtnis, Lerntechniken.
Jeder Ratgeber € 14,90, 104 Seiten, A5, kartoniert

4 Ratgeber der Reihe Lebenseinstellung

Aberglauben-Knigge ²¹⁰⁰ Von schwarzen Katzen, der linken Hand des Teufels und den Glücksbringern
Lügen- und Egoismus-Knigge ²¹⁰⁰ Überleben durch Flunkern, Schummeln und Täuschen! Macht, Respekt, Wertschätzung? Lebenslüge und Lebensschutz
Glücks-Knigge ²¹⁰⁰ Vom Glücklichsein, positiven Denken und von Freundschaften
Angst- und Optimismus-Knigge ²¹⁰⁰ Die Furcht beherrschen, Ängste nutzen und positiv durchs Leben gehen.
Jeder Ratgeber € 12,95, 160 Seiten, A5, kartoniert

3 Ratgeber Bräutigam, Braut und Brautpaar

Bräutigam-Knigge ²¹⁰⁰ Verlobung und Polterabend, Schwiegereltern und das Ja-Wort, Hochzeits-Outfit und Hochzeits-Kutsche
Braut-Knigge ²¹⁰⁰ Brautkleid und Accessoires, Das große Hochzeitsfest, Höhepunkte und Hochzeitstanz
Brautpaar-Knigge ²¹⁰⁰ Historisches und Sonderbares, Planung und Organisation, Aberglaube und Hochzeitsbräuche.
Jeder Ratgeber € 15,90, 104 Seiten, A5, kartoniert

2 Ratgeber Selbst-Coaching

Selbstbewusstsein Knigge ²¹⁰⁰ Ich bin, ich kann, ich will. Das eigene Leben bestimmen, Soft Skills, The Winner 1.
Selbstwertgefühl Knigge ²¹⁰⁰ Steh auf! Werde aktiv! Zeige Profil! Das eigene Leben beeinflussen, Motivation, The Winner 2.
Selbstoptimierung Knigge ²¹⁰⁰ Optimistischer, attraktiver, authentischer. Das eigene Leben gestalten, Ansprüche, The Winner 2.
Jeder Ratgeber € 12,95, 120 Seiten, A5, kartoniert

Leben und Lifestyle

Das kleine Knigge-Quiz ^{2100} € 9,70; 96 Seiten, 12x19 cm, kartoniert

Jugend-Knigge ^{2100} Knigge für junge Leute und Berufseinsteiger, € 15,90; 152 Seiten

Zukunfts-Knigge ^{2100} Verfall der Sitten und Verlust der Wertschätzung? Umgangsformen in 100 Jahren. Zusammenleben mit Menschen, Maschinen und menschenähnlichen Robotern, € 14,95; 172 Seiten A5 kartoniert

Wertschätzung-Knigge ^{2100} Gleichberechtigung, Gender und Respekt, Sexuelle Orientierung, Umgang bei Diskriminierung und Mobbing, € 14,95; 152 Seiten A5

Hochzeits-Knigge ^{2100} Hochzeitsbräuche, Geschenke, Brautjungfer, Trauung, Festgäste und Festmahl, € 29,95; 310 Seiten A5

Ü65- und Senioren-Knigge ^{2100} Die junge Alten und die alten Jungen, Kommunikation und Verständnis zwischen den Generationen, Einsamkeit und technischer Fortschritt, € 19,95; 180 Seiten A5

Blumen-Knigge ^{2100} Historisches, Mystisches, Festliches, Blumen-Sprache, Umgang mit Blumen-Präsenten, € 19,95; 144 Seiten A5

Bekleidung! Ausdruck der Persönlichkeit – Lukas' Outfit-Knigge ^{2100}, € 19,95; 196 Seiten A5

Nudel-Knigge ^{2100} Himmlische Teigwaren, € 17,95; 140 Seiten A5

Der Interkulturelle Kompetenz-Knigge ^{2100} Kultur, Kompetenz, Eindrücke – Gesten, Rituale, Zeitempfinden – Berichte, Tipps, Erlebnisse, € 29,95; 240 Seiten A5

China-Deutschland-Knigge ^{2100} Chinesen in Deutschland, € 12,90; 104 Seiten A5

Dschungel-Knigge ^{2100} Umgang in ungewohnter Umgebung, € 23,95; 192 Seiten A5

Der Dicke-Knigge ^{2100} Aus dem prallen Leben des Dicken, € 15,90; 104 Seiten A5

Typisch Frau – Typisch Mann Knigge ^{2100} Unterschiede und Gemeinsamkeiten im Umgang mit dem anderen Geschlecht, € 12,95; 128 Seiten A5

Kulinarischer und Gastronomischer Knigge ^{2100} Von Events, Feiern, Aperitif über Esskultur, Speisen und Getränken zu zeitgemäßen Tischsitten, € 26,50; 284 Seiten A5

Klo- und Pinkel-Knigge ^{2100} Vom privaten und öffentlichen Bedürfnis - Umgangsformen im Tabu-Bereich, € 13,50; 104 Seiten A5

Omi hüpf' mal Märchen meiner Großmutter, Erlebnisse ihre Jugend und wahre Geschichten meines Vaters von und über Omi Rickchen, Hardcover, € 29,95; 312 Seiten

Der Hunde-Knigge ^{2100} Umgang mit dem Hund – Hundesprache – Der Hund in der Gesellschaft, € 17,95; 180 Seiten A5

Welcome to Germany-Knigge ^{2100} Umgangsformen, Verhaltensmuster und gesellschaftliches Miteinander im deutschsprachigen Europa, € 11,99; 108 Seiten A5

Besuch willkommen Knigge ^{2100} Einladung, Gast, Geschenk, Empfang, Feier, Gastfreundschaft, € 14,95; 200 Seiten A5

Mensch, Macht, Mörder ^{2100} Verfall der Umgangsformen?, € 14,90; 260 Seiten A5

Leben, Tod und Ansichten Austausch mit Berühmtheiten über Wichtiges und Unwichtiges im Leben, € 12,95; 116 Seiten A5

Leben, Tod und Überlegungen Austausch mit Berühmtheiten über Größe, Ewigkeit und Spaß im Leben, € 12,95; 116 Seiten A5

Tod, Trauer, Totenkult-Knigge ^{2100} Sterben, Trost, Takt, Bestatten, Tradition, Vorsorge, Tabus, Vergänglichkeit und Sonderbares, € 17,95; 212 Seiten A5

Corona-Knigge 2100 Umgang mit dem Virus, € 9,70; 88 Seiten 12x19, kartoniert

Leben und Lifestyle

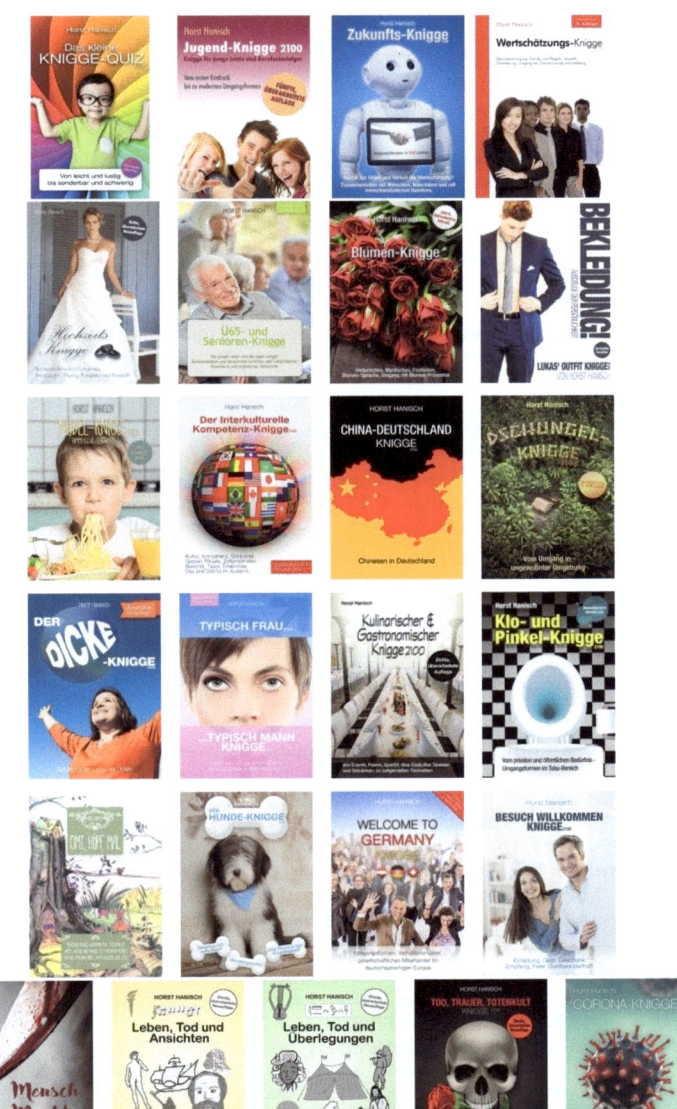

Rhetorik, Soft Skills, Hochschule, Beruf

Rhetorik ist Silber Von den ersten Schritten zu einer perfekten Präsentation, € 17,90; 144 Seiten A5, kartoniert, Zeichnungen

Moderation ist Gold Gesprächsführung, Umfragen, Talkrunden und Manipulation, € 17,90; 144 Seiten A5, kartoniert, Zeichnungen

Lebhafte Körpersprache in Vorträgen, Präsentationen, Gesprächen, € 17,90; 144 Seiten A5, kartoniert, ca. 290 Zeichnungen

Rhetoric – Mastering the Art of Persuasion, € 22,90; 144 Seiten A5, kartoniert

Discussion – Mastering the Skills of Moderation, € 22,90; 144 Seiten A5, kartoniert, Zeichnungen

Body Language in Europe, € 22,90; 144 Seiten A5, kartoniert, ca. 290 Zeichnungen

Körpersprache – Lüge, Verrat, Macht, Im Beruf, vor Gericht, beim Flirt – Gewinnerpose und Demutshaltung – Drohung und Zuneigung; € 29,95; 364 Seiten A5, kartoniert, über 400 Zeichnungen

Das große Buch der Rhetorik [2100] Tacheles reden; Präsentieren; manipulieren und überzeugen, € 37,45; 332 Seiten A5, kartoniert, viele Darstellungen

Trickreiche Rhetorik [2100] Psychologische Gesprächsführung, manipulierende Darstellung, unaufdringliches Nudging, € 37,45: 300 Seiten A5, kartoniert, Zeichnungen

Soft Skills-Knigge [2100] Soziale, Persönlichkeit, Selbstmanagement, € 37,45; 324 Seiten A5, kartoniert, viele Darstellungen

Schlagfertigkeit-, Spontaneität-, Stegreif-Knigge [2100] Impulsiv handeln, verbale Angriffe kontern, Störungen entwaffnen, € 13,50; 104 Seiten A5

Pitch Skills und Überzeugungs-Knigge [2100] Elevator Pitch, Geldgeber beeindrucken, Feuer versprühen, € 13,50; 128 Seiten A5, kartoniert

Smalltalk-Knigge [2100] Vom kleinen Gespräch bis zum charmanten Flirt - Kontakt ausbauen, Sympathie zeigen, Begehrlichkeit wecken, € 13,50; 100 Seiten A5

Quassel-Knigge [2100] Quasseln, Quatschen, Quengeln oder Lebenswichtige Kommunikation – Gezielt eingesetzte Rhetorik – Aussagekräftiges Profil zeigen, € 13,50; 112 Seiten A5

Hochschul-Knigge [2100] Studentischer Umgang in und außerhalb der Hochschule am Beispiel der Cologne Business School, 132 Seiten A5, kartoniert, Fotos

Jugend-Karriere-Knigge [2100] Schule und Studium, Netzwerk und Klüngel, Erfolg und Risiken, € 19,95; 224 Seiten A5, kartoniert, Zeichnungen, Checklisten

Bewerbungs-Knigge [2100] **für Frauen – Tina bewirbt sich / Bewerbungs-Knigge** [2100] **für Männer – Tom bewirbt sich**, Vorbereitung, Wahl der Kleidung, Verhalten beim Bewerbungsgespräch, je € 19,70; 128 Seiten A5, kartoniert, Fotos, Checklisten

Kreativitäts-Knigge [2100], Visionärhaft denken, Scheuklappen sprengen, Mentales Risiko eingehen, € 14,95; 164 Seiten A5, kartoniert

Team und Typ-Knigge [2100], Ich und Wir, Typen und Charaktere, Team-Entwicklung, € 14,95; 128 Seiten A5, kartoniert, viele Darstellungen

Die flotte Generation Y im 21. Jahrhundert, selbstbewusst – lebensbetonend – flexibel. Wie mit der Generation Y zielorientiert und erfolgreich gearbeitet werden kann, € 12,95; 116 Seiten A5, kartoniert, Zeichnungen

Die flotte Generation Z im 21. Jahrhundert, entscheidungsfreudig – effizient – eigenverantwortlich. Wie mit der Generation Z zielorientiert und erfolgreich gearbeitet werden kann, € 12,95; 140 Seiten A5, kartoniert, Zeichnungen

Telemeeting [2100], Digitale Konferenz, Online-Unterricht, Homeoffice, € 12,95; 104 Seiten A5, kartoniert

Rhetorik, Soft Skills, Hochschule, Beruf

Englisch:

Beratung, Coaching, Seminar

Wer hat nicht gerne mit Menschen zu tun, die selbstbewusst und selbstsicher mit anderen Menschen umgehen?

Geschäftspartnern, die die elementaren Regeln des ‚Benimms‘ beherrschen, stehen die Türen zum Erfolg offen.

Unternehmen, die neben ihrer fachlichen Leistung auch ‚menschlich‘ überzeugen wollen, bieten wir für ihre Mitarbeiterinnen und Mitarbeiter aktives Training im Umgang mit Kunden, Gästen, Kollegen und Gesprächspartnern an.

Auf unserer Website informieren wir Sie über unsere Angebote:

- Firmen-Internes-Training
- → Business-Etikette und das Lehrmenü
- → Präsentieren, Moderieren, Kommunizieren
- → Körpersprache und ihre Geheimnisse
- Offen ausgeschriebene Seminare
- → Teuflische Rhetorik
- → Flottes Reden vor und zu anderen

- → Der erste Eindruck
- → Ladies Power
- Individuelles Einzelcoaching
- → Authentisches Auftreten
- → Dress for Success
- → Verhandlungstechniken
- → Persönlichkeit
- Interkulturelles Training
- Freundlichkeits-Checks in Unternehmen

- Workshops
- → Soft Skills
- → Team-Training
- Intensiv-Training für
- → TV-Auftritte
- → Vorträge
- → Präsentationen
- → Reden
- Fachliteratur und Arbeitsunterlagen
- Vorträge/Speaker
- → Vor kleinem und vor großem Publikum

Individuelles Coaching für Einzelpersonen: Und, wer es ganz individuell mag, greift zurück auf ein Einzel-Coaching, auch als Online-Coaching. Hier werden ganz persönliche Herausforderungen angegangen, mit Themen wie:

- Interkulturelle Kompetenz
- Selbstsicheres Auftreten
- Präsentations-Techniken
- Erfolgreiche Verhandlungsführung

- Der Erste Eindruck
- Bewerbungstraining
- Rhetorik und Überzeugungskraft

und andere Themen – direkt auf die besonderen Bedürfnisse des Einzelnen zugeschnitten. Besuchen Sie uns auf www.knigge-seminare.de